Secretos de un director de cine gay
¡Prácticos y atrevidos consejos para una vida *fantabulosa*!

Luis Palomo

SECRETOS DE UN DIRECTOR DE CINE GAY:
Prácticos y atrevidos consejos para una vida
fantabulosa / Luis Palomo

190p. ; 21 cm

1. AUTOAYUDA
2. GENERAL

ISBN: 978-9962-12-900-4

© **Luis Palomo**
pigeonluis@gmail.com

Primera edición: Noviembre de 2018
Segunda edición: Abril de 2019

Diseño de portada: David Taylor
Diagramación: Ruby Wong
Editora: Casandra Badillo
Asesor editorial: Luigi Lescure / 9Signos

*"Tengo el más sencillo de los gustos.
Siempre estoy satisfecho con lo mejor"*
-Oscar Wilde

A todos mis amigos, demasiados para nombrarlos que han nutrido mi vida con tanto...

PALOMO DIRIGE A CELIA CRUZ EN COMERCIAL DE McDONALDS

Celia Cruz y Luis Palomo

A mi querida Celia Cruz, gracias por darme la cúspide de mi carrera como director de comerciales...

INDICE

Prefacio

Queridos amigos, ¿quieren llevar una vida *fantabulosa*? ¡Sí, por supuesto que sí! Bien, en este libro revelaré exactamente cómo, basado en mi *fantabulosa* experiencia de vida (¡no son los años, es el kilometraje, nenes!) ¡Estoy seguro que mis vivencias les serán útiles y muy divertidas! **¡Que no quepa duda, esto no es una autobiografía!**

Voy a ser serio por un momento, **soy un bendito sobreviviente de una generación gay casi exterminada por el SIDA. También soy un reciente sobreviviente del cáncer** y ¡me siento muy agradecido de decir que hoy estoy 100% libre de cáncer! pero esa historia de mi victoria sobre el cáncer es para otro libro. Estos roces con la muerte me obligaron a realizar un inventario profundo de mi vida, quién y qué es importante, y lo más significativo: cuál sería mi legado. Mi cáncer dio a luz a este libro, un esfuerzo creativo que empecé a escribir durante las largas horas de mis sesiones de quimioterapia. ¡Ahora todos ustedes, mis queridos lectores, son mis herederos!

A medida que mi emocionante - y a veces escandalosa - vida se ha desarrollado, he aprendido muchas lecciones valiosas y conocimientos realmente prácticos. Me sentiría culpable si no los compartiera con ustedes, así que queridos lectores, **mi culpa es su ganancia**.

En este libro recibirán consejos valiosos, lecciones de experiencias y algo de sabiduría poco convencional, de parte de su más sincero y, a veces extravagante, nuevo amigo, ¡el director de cine gay, Luis Palomo!

Mi viaje de vida comenzó en Cuba. Nací en los años 50. Ser un chico gay en Cuba, y luego en el exilio, no era tan aceptado como lo es ahora. ¡Estoy muy contento de haber sobrevivido al cáncer para ver **el matrimonio gay legalizado!** Debido al régimen de Castro, tuvimos que irnos cuando era niño. Mi familia de nueve (mamá, papá y siete hijos) fuimos exiliados a España, y finalmente (como todos los buenos cubanos) terminamos en Miami. En contraste con ese primer viaje como refugiado, he viajado por todo el mundo por motivos de negocios y por placer, (siempre en primera clase, por supuesto), me he quedado en los mejores hoteles y he disfrutado de maravillosos lugares, así como de exclusivos spas.

Tengo algo que admitir, amo la comida... ¡Gloriosa comida! **¡Cómo he conservado mi cintura de 30" y mi figura es todo un milagro!** Me he deleitado en los restaurantes más exquisitos de Nueva York, Tokio, Río de Janeiro, Los Ángeles, París, La Habana, para mencionar algunas de las muchas ciudades visitadas. Más adelante, encontrarán mucha información acerca de viajar y cómo hacerlo con un estilo impecable. Después de leer este libro, también serán todos unos *connoisseur* de restaurantes y vinos.

¡Este libro será una experiencia que les ayudará a vivir al máximo y hacerles una mejor, más inteligente, más práctica, y, sí, *fantabulosa* persona!

ADVERTENCIA: Encontrarán muchas citas de mentes brillantes. Mis favoritas son de Oscar Wilde, mi más admirado autor, quien resultó ser británico y gay. Prepárense para muchas de sus famosas e ingeniosas citas, aquí va la primera:

*"La literatura siempre anticipa la vida.
No la copia, sino que la moldea para su propósito".*
-Oscar Wilde

Capítulo
UNO

DGC

Los primeros dos minutos y ¡por qué las primeras impresiones son tan importantes!

"Solamente las personas poco profundas no juzgan por la apariencia"
-Oscar Wilde

En este capítulo inicial, vamos a explorar y desmitificar cómo dar una gran primera impresión comportándose impecablemente en cualquier situación social. ¡Déjame ser tu guía para que seas lo mejor que puedas ser!

¿Has escuchado la expresión "somos animales sociales"? (Sé que a veces yo lo soy). No nos conformemos con ser amontonados con el resto de la creación. Somos, después de todo, para bien o para mal, la especie dominante de nuestro planeta. Se nos ha dado la capacidad de razonar y elegir por lo que debemos esforzarnos por ser más civilizados, más sofisticados y mejores en vivir con otros y con nosotros mismos en este Planeta Tierra, que es nuestro único hogar. El verdadero propósito de este libro, y mi promesa, es ayudarte a ser justo eso: más civilizado, sofisticado y emocionante y, por supuesto, *¡Fantabuloso!* Me puse muy filosófico, ¿sí?

La cosa más útil que aprendí en Psicología 101, hace tiempo en la universidad, fue que **realmente decidimos si nos gusta una persona o no en los primeros dos minutos después de conocerla**. ¡Personalmente, a veces solamente me toma una mirada! Después de ese encuentro inicial, pasamos el resto de nuestras vidas apoyando nuestra teoría inicial.

Es por eso que debemos ser tan vigilantes y cuidadosos en la forma en que nos presentamos en cada ocasión y, más importante aún, en el mundo de los negocios, sobre el cual les contaré en el siguiente capítulo. Con el riesgo de sonar trivial, voy a repetir ese muy común, pero, ah, tan acertado refrán: **"Nunca hay una segunda oportunidad para dar una primera impresión"**.

La vida moderna le ha añadido una nueva capa a las interacciones sociales, tanto personales como profesionales: nuestra "persona virtual". También abordaré este importante tema con mayor detalle en un capítulo posterior.

Antes de conocer a alguien, ya sea por razones personales o profesionales, asegúrate de que tus perfiles de redes sociales y fotos (en Facebook, Instagram y especialmente LinkedIn para negocios), estén actualizados y presentables. Hoy en día, la mayoría de la gente revisará en línea sobre ti antes de una reunión. Te recomiendo que hagas lo mismo, investígalos en Google, Facebook y LinkedIn antes de conocerlos. ¿Quién sabe?, tal vez encuentres algunos chismes insospechados y, por supuesto, la información que necesitas para llegar a conocerlos mejor.

¡Este es el momento perfecto para crear un lema personal y hacerte tu propio compromiso, para ser una mejor persona, en todos los sentidos posibles! Yo seré tu guía. Aquí te dejo una afirmación simple, pero poderosa, de Émile Coué que puede aplicarse a cualquiera: *"Cada día, en todos los sentidos, me voy haciendo mejor y mejor"*. Te recomiendo hagas el tuyo, hay varias páginas web donde te puedes inspirar.

Ser un caballero o una dama no tiene nada que ver con el credo o el ingreso, es un código de conducta que asegura a los demás que eres honesto, digno de confianza y amable... ¡siempre!

Ahora volvamos a la parte divertida... ¡fiesta!

"Nadie mira hacia atrás en su vida y recuerda las noches en que durmió lo suficiente".
Anónimo

Una vez vi un anuncio de whisky en una revista dirigida a los treintañeros, que decía: "Si piensa que está cansado ahora, espere a tener 50". Habiendo pasado esa línea del medio siglo, tomé el mensaje muy en serio...

Al igual que Liza Minnelli cantó en *Cabaret*: "¿de qué sirve sentarse sola en tu habitación? ¡ven a escuchar la música!" Liza, cariño, ¡tienes toda la razón! ¡No te quedes en casa "en tu habitación", sal de ahí! Estoy seguro de que recibes invitaciones electrónicas a eventos y llamadas de tus amigos pidiendo que te les unas y, sin embargo, la mayoría de la gente prefiere quedarse en casa, en la seguridad de su espacio personal con su conyugue fiel: la televisión y ese amante incondicional; la computadora (u "ordenador", como le dicen los españoles). ¡Vístete, arréglate y coge calle!

RSVP

Cuando una invitación incluye RSVP, que en francés *Répondez, S'il Vous Plaît* significa "Por favor, responda". ¡Hazlo! Confirma tu asistencia y el número de personas que irán contigo. La mayoría de las veces esto solamente te incluye a ti y a uno más, que podría ser tu cónyuge, cita o algún chico guapo en la entrada tratando de ingresar. ¡Esto ha funcionado muy bien para mí!

Desafortunadamente, esta muy civilizada costumbre está siendo olvidada, al igual que utilizar la señal de giro en el coche al acercarse a una intersección o decir "buenos días" a un extraño en el ascensor. Buenas costumbres que te animo a practicar.

Recibimos muchos mensajes de texto, invitaciones virtuales, invitaciones por teléfono y computadora. La mayoría de estas son muy informales y, si no piden RSVP, no tienes que confirmar, pero sería bueno que lo hicieras. Tómate un momento, eso demostrará que te importa, que estás emocionado de ser parte del evento y tu anfitrión te lo agradecerá. ¿No estás de acuerdo?

Después de que hayas confirmado, averigua - y esto podría tomar algo de trabajo- cuál precisamente es la ocasión. La mayoría de las veces la invitación debería explicarlo, especialmente cómo ir vestido, pero no siempre. Cuando no, averigua si se trata de una cena, bebidas y pasa bocas, una celebración de cumpleaños o una orgía. Además, si se trata de un evento en interior o al aire libre, ya que esto es importante pues determinará tu atuendo. Entonces, haz todo lo posible para averiguar quién irá, ya que esto define qué tipo de evento será. **Para ser todo un éxito en cualquier evento es importante estar preparado para presentarte de la mejor forma posible.**

Saber todo lo que puedas sobre el evento es información valiosa que te guiará en cuanto a qué vestir (cubriremos eso en el capítulo tres), cuándo llegar y cuándo irte, qué traer, qué hacer y decir, y lo más importante, qué NO decir o hacer.

Si te sientes cómodo pidiéndole directamente al anfitrión la lista de invitados, hazlo. Si no, llama a un amigo mutuo o alguien que creas que podría ir al evento. No le digas que te invitaron, sino pregúntale casualmente si ha oído hablar de él. Si te dice que fue invitado, trata educadamente de averiguar quién más podría estar asistiendo.

"Una rosa, con cualquier otro nombre, olería igual de dulce"
-William Shakespeare

Cuando voy a una fiesta o una cena en casa de buenos amigos, me gusta llegar temprano, digamos 30 minutos antes . Esto me da la oportunidad de compartir con el o los anfitriones, y ser de ayuda si es necesario, antes de que llegue el resto de los invitados. Pero no llegues demasiado temprano, como me sucedió una vez que lo hice para evitar el tráfico de hora pico y ¡la empleada doméstica me pidió esperar en el vestíbulo!

Lleva la invitación o imprímela y tenla a mano. Yo siempre amplío y agrando la letra de la invitación cuando la imprimo en mi computadora, ya que hoy en día la mayoría de las invitaciones son electrónicas. Al imprimir la dirección grande, evito tener que leer letra pequeña mientras que la pongo en el GPS de mi Smartphone. Por favor, por razones de seguridad, si vas solo, hazlo antes de comenzar a conducir. ¡Que fabuloso es ese regalo de los dioses, el GPS! Seguro que estarás de acuerdo.

Si conoces a los anfitriones y qué tipo de vino les gusta, lleva dos botellas; pon una en el bar y la otra donde la puedan encontrar más tarde fácilmente. Infórmalos. Toma el crédito. ¡Ellos realmente agradecerán la botella adicional!

También me gusta llevar tres docenas de rosas frescas con tallo largo, especialmente si voy a compartir algún tiempo con el o la anfitriona. Elije el color apropiado, pero no el rojo, ya que este está reservado para tu persona amada. Este es un buen momento para darte una lista muy útil:

Significado del color de las rosas:
★ Rojo: verdadero amor, pasión y romance.
★ Amarillo: amistad, deseos de recuperación, alegría.
★ Rosado o "salmón": gratitud, aprecio.
★ Blanco: simpatía, espiritualidad, inocencia.
★ Naranja: deseo, pasión, entusiasmo

Ahora regresemos a tu entrada con las rosas del color apropiado. Normalmente llevo rosas rosadas y amarillas. Hoy en día, las rosas comerciales no traen espinas, pero si trajesen pide a la floristería que se las quiten. ¡No queremos que la sangre manche nuestra llegada! Mientras charlas con tu anfitrión, consigue un par de floreros y arregla las rosas tú mismo. No es difícil, simplemente deshazte del exceso de hojas, dejando solo una o dos arriba y corta los tallos, todos de la misma longitud para que quepan en el jarrón. Si es un florero corto, corta los tallos más chicos, justo a la altura del borde del florero. Esta es una forma muy moderna de arreglar flores.

Añade hielo al agua. A las rosas simplemente les encanta. El hielo hará que el florero "sude", así que no lo coloques sobre madera o coloca un plato debajo. Agrega una taza de gaseosa clara no dietética (7-Up o Sprite) al agua. El azúcar de la gaseosa alimentará las flores. Si no hay gaseosa, utiliza dos cucharaditas de azúcar blanca. ¡Este, por cierto, debería ser el ÚNICO uso para el azúcar blanca!

Asegúrate de preguntar dónde colocar el florero y ten cuidado de no ponerlo en medio de quienes conversan, como en la mesa de café con un arreglo alto - una buena razón para dejarlos más cortos. ¡Todo el mundo, pero en especial damas y **gays, aman las flores frescas!** Una antigua pero maravillosa regla de etiqueta, especialmente para ti, damisela – aunque esto aplica también a los hombres: **Nunca digas "gracias" cuando recibas flores, ya que las mereces. En su lugar di "me encantan, son mis favoritas, que amable eres".**

"Las velas del pastel no significan absolutamente nada".
-Rob Lowe

Otro fabuloso regalo para llevar a cualquier reunión o dar para cualquier ocasión, es una vela de diseñador perfumada. Siempre compro una docena a la vez de velas Trapp, así estoy listo para cualquier regalo inesperado u ocasión. También las tengo siempre por todo mi hogar y las enciendo cuando espero compañía o para mimarme.

Sí, primero debes amarte a ti mismo antes de amar a los demás. Como Oscar bien dijo: *"Amarte a ti mismo es el comienzo de un romance de por vida".* Estas velas maravillosas y bellamente empacadas (no necesitas envolverlas para regalo) son como el opio, una vez que enciendas la primera, ¡serás adicto de por vida! Consíguelas en línea en http://www.trappcandles.com

"El atuendo es el primer paso para construir tu carácter".
-Sylvester Stallone

¿Quién hubiera pensado que tomaría un consejo de moda de Rambo? ¡Pero estoy de acuerdo con él en esto! Usar el atuendo adecuado es crucial. Recuerda, en caso de duda, mejor pasarse de elegante que pecar de informal. ¿No odias cuando te presentas en un evento al aire libre durante el día y todos los chicos están usando pantalones de algodón y *jackets* deportivos, las chicas están en vestidos de verano y tú estás usando pantalones cortos y sandalias? Te tendré consejos muy específicos sobre vestuario en el capítulo tres.

Lo que la gente ve primero son tus ojos, son las ventanas del alma. Asegúrate de que estén claros, usa gotas para el enrojecimiento cuando sea necesario. Un mensaje para las señoritas, algunos gays y metrosexuales (o como yo les llamo: "locas de armario"... ups! Gays) recuerden esas ventanas al aplicar maquillaje. En mi opinión, este es un caso de "menos es más". Para aquellos que necesitamos gafas, hay muchas opciones y se necesita una estrategia. Cubriré el tema de "gafas y anteojos" ampliamente en el capítulo cuatro.

"El olor es el atajo a nuestros recuerdos".
-Luis Palomo

¡Lo que la gente huele primero no es tu colonia o perfume, sino tu aliento! Asegúrate de que esté fresco y agradable. A aquella icónica octogenaria que vio más cuchillos que un chef en Benihana, famosa por su cobertura de la alfombra roja y su lengua mordaz, la incomparable e irremplazable Joan Rivers, se le preguntó cuál era el mayor *Fashion Faux Pas* (o paso en falso en la moda) en las alfombras rojas. Ella rápidamente gritó "¡Mal aliento! ¡Pareciera que esas perras no han comido en semanas!" Siempre cepíllate los dientes y la lengua antes de salir, consigue un raspador de lengua y utilízalo. ¡El mal aliento también reside en la lengua!

Mis clientes de pasta dental van a odiarme por esto, pero todo lo que se necesita de cualquier pasta de dientes es del tamaño de un guisante o chícharo para cepillarse los dientes adecuadamente. Olvídate de esos largos remolinos que se ven en los comerciales. Cepíllate antes de salir a cualquier evento, especialmente en la noche, aunque no hayas comido, pues probablemente no te has cepillado desde la mañana. Nuestro aliento suele ser peor para esa hora. Usa un enjuague bucal, pero ten cuidado con los de colores, con sus verdes y azules casi fluorescentes. Estos tienen tintes y te mancharán los dientes. ¡Utiliza uno claro!

Si no tienes tu cepillo de dientes a mano, enjuágate vigorosamente con agua, varias veces, usa un palillo o mondadientes si puedes y un caramelo de menta. Siempre tengo una lata de mentas a la mano en mis coches y bolsos. Las mentas son ahora muy populares y se consiguen en todas partes. **Una forma de saber cómo huele tu aliento es lamer el dorso de la mano, dejar que se seque durante unos 10 segundos y olerlo**, así sabrás si necesitas una menta o un viaje al dentista.

La higiene bucal es a veces dolorosa y siempre costosa, pero de suma importancia. ¡Apréndelo de mí, que tengo más coronas, puentes y canales en mi boca que Venecia! **Una limpieza profesional cada seis meses te garantizará una boca sana y un aliento fresco.**

"Un perfume dice más sobre una persona que su caligrafía".
-Christian Dior

En lo que respecta a las colonias para hombre, prefiero los cítricos a la antigua; el *Eau Sauvage* de Dior, el *Eau d'Orange Verte* de Hermés y el *4711 Original Eau de Cologne* que lleva su nombre por la Rue Glockengasse n° 4711 de Colonia. Estos dos últimos han existido desde la época de Napoleón. Pero puedes irte por lo campestre o de maderas para los hombres y floral e incluso frutal para las damas. La mayoría de perfumes son una combinación de muchas fragancias. A mí, personalmente, no me gustan dulces – ¡son como ponerse Coca Cola, puede que se te suban las hormigas!

Aplica el perfume o colonia en los puntos tradicionales: las muñecas y detrás de la oreja. **Si realmente quieres que tu perfume dure y se note, rocíalo en tu cabello y en tu ropa,** solo ten cuidado de no usar demasiado.

Yo estaba una vez en un restaurante muy exclusivo en Beverly Hills, esperando por una mesa muy cerca de una puerta abierta, a pocos pasos de la acera. ¡Nunca olvidaré un Bentley llegando y la explosión de perfume que nos golpeó tan pronto como se abrió la puerta del coche! La mujer que bajó del auto debía haber tenido, fácilmente, un millón de dólares en ropa y joyas, así como un galón de perfume. Se hizo el maquillaje y el cabello profesionalmente y debió haber tomado horas. Le pregunté al *Maître* quién era y él susurró: "La esposa de un cirujano plástico famoso. Son clientes habituales". Puedo imaginarme cuántos procedimientos esta señora debe haber tenido... ¡hablando de "alto mantenimiento"!

"No hay extraños; solo amigos que aún no has conocido".
-William Butler Yeats

Cuando conozcas a alguien por primera vez, mírale a los ojos mientras estrechas firmemente su mano, pero solo por dos segundos. Sonríe sinceramente y preséntate en voz suficientemente alta y clara como para ser escuchado. Repite el nombre del nuevo conocido. De esta manera te aseguras de decirlo bien, mientras estrechas su mano firmemente. Sí, esto también va para las damas. ¡Este es el siglo XXI! Si la persona es latina, europea o del sexo opuesto, de mente abierta o gay, se requieren uno o dos besos. Uno para los americanos y los latinos y dos para los europeos, ¡pero NUNCA beses a los "euro-basura"! Damas, asegúrense de que sus besos sean secos, o simplemente den "besos al aire". El lápiz labial y la saliva deben reservarse para momentos más íntimos. Siempre presenta a tus acompañantes al encontrarte con amigos y conocidos.

Ahora, sobre ese apretón de manos − que es un saludo muy occidental para decir hola, adiós o cerrar un trato - he descubierto, para mi horror, ¡que mucha gente no sabe cómo estrechar la mano!

Un apretón de manos débil, o "mano de pescado muerto", como me gusta llamarlo, dice tres cosas acerca de un hombre:

★ Que carece de autoestima o no quiere conocerte,
★ Que está discapacitado y no puede aplicar presión
★ Que es muy gay y que está guardando esa mano para algo más adelante.

¡Ninguno es aceptable! Para las damas, una mano débil simplemente dice que es anticuada o insegura, ¡o peor, ambas! ¡Así que aprieten, chicas, pero sin ser demasiado machonas! Y para los hombres, POR FAVOR no den la mano como a lo "súper-macho, la mía es más grande que la tuya" a lo Donald Trump, estarán proclamando su debilidad.

Hay una tendencia creciente a no estrechar la mano por razones de salud, que discutiremos más adelante. Juntar las manos, con las palmas tocándose, en forma de orar, con las puntas de los dedos entre las cejas y hacer una pequeña inclinación se está volviendo muy popular. Puedes añadir; *Namasté*, que significa; *"La divinidad en mí reconoce la divinidad en ti y en todos"*. Una palabra pequeña con un significado hermoso y complejo ¿no crees? **¡Nunca des la mano si estás enfermo de resfriado o gripe, mantén el virus para ti mismo!**

"Cosas buenas pasan cuando conoces extraños"
-Yo Yo Ma

A todos nos encanta cuando alguien recuerda nuestro nombre después de presentarnos, por lo que tengo un truco para recordar múltiples nombres. Imagínense cuando estoy dirigiendo un comercial y hay más de cuarenta personas en mi equipo y seis u ocho actores. Solía ser terrible con los nombres - una excusa muy mala y demasiado común, hasta que mi mamá, la chica de mi vida, me enseñó el secreto de los "recursos onomatopéyicos" - una palabra rara con un significado curioso. Los antiguos griegos lo llamaban "mnemónico" (la primera "m" es silente). Son básicamente lo mismo, una forma de ayudar a recordar lugares, eventos, objetos y, en nuestro caso, nombres de personas.

Digamos que acabo de conocer a un caballero llamado Simón Infante. ¡Me haría una imagen mental de Simón Bolívar con su hijo! "Simón-hijo-Infante". O si me topo con una mujer llamada María Demetrio, pienso en Natalie Woods como *María* en la película *West Side Story* con un mendigo diciendo "deme" y un trío musical de guitarras: "María De-me-trio". Entre más ridícula la imagen, más eficaz es y, acá entre nos, ¡también es muy divertido! Pruébalo en tu próxima reunión. Ahora, si conoces a una criatura llamada "Alana la Gata de La Habana" (una buena amiga), no hay necesidad de este método.

Así que ya hiciste una gran entrada, enamoraste a tus anfitriones y conociste a nuevas personas, estrechando sus manos firmemente, mirándoles a los ojos y repitiéndoles sus nombres mientras imaginabas cosas ridículas sobre ellos para recordar sus nombres. Llega ahora el momento de hacer preguntas. Calla y escucha.

"El silencio es un verdadero amigo que nunca traiciona"
-Confucio

Vivimos en un mundo de "habladores", y en eso me declaro culpable. Muy pocas personas parecen preocuparse por escuchar, la mayoría no puede esperar a que la persona que habla se detenga a coger aire para interrumpir y cambiar el tema de conversación al suyo. Todo el mundo odia esto... excepto el interruptor.

Es increíble el efecto positivo que tiene en cualquier persona solamente esperar un par de segundos después de escucharles, antes de responder, preferiblemente con un cumplido o una pregunta sobre el tema. Nunca monopolices una conversación. Es como tomar una copa de más – lo lamentarás al día siguiente.

Esto no significa que tengas que quedarte mudo. No, ¡habla! Especialmente si tienes algo agradable o listo que decir. Simplemente sigue estas tres reglas cortesía del Dr. David Simon, socio del gurú Dr. Deepak Chopra:

★ ¿Es verdad?
★ ¿Es necesario?
★ ¿Es amable?

También recuerda lo que aquella lesbiana progresista, Eleanor Roosevelt, dijo: *"La gente brillante habla de ideas, la gente mediocre habla de eventos, la gente común habla de otras personas"*, en otras palabras, ¡chismean!

Cubriremos "Etiqueta del teléfono celular" en el capítulo ocho, pero por ahora recuerda, por favor: cuando estés en cualquier reunión, utiliza solamente tu teléfono móvil cuando sea absolutamente necesario. Ponlo en modo de vibración y solamente responde si debes hablar con esa persona en ese momento. Discúlpate y ponte fuera de alcance del oído. Esto incluye los textos, tan populares... ¡y yo que pensaba que el teléfono se inventó para no tener que escribir!

Mientras que en el tema del "silencio civilizado", por favor, no enciendas tu alarma de coche o mejor aún, ¡no tengas una en lo absoluto! Las alarmas del coche son como pedos - nunca molestan a sus dueños. Interrumpen innecesariamente la paz y la mayor parte del tiempo el dueño ni siquiera las oye, haciéndolas inútiles. Los ladrones rompen una ventana, se ocultan, esperan a ver si alguien viene (casi nunca alguien lo hace) y luego saquean el coche.

"La modestia es el color de la virtud"
-Diógenes

Recuerda, la modestia es una virtud. No llames sobre ti atención indeseada, solamente buena atención, ¡SIEMPRE! Nunca hagas como un tipo que conocí, que él mismo se hacía llamar por teléfono para fingir que era importante, o peor, que se hacía llamar en los aeropuertos, vestíbulos de hoteles, ¡incluso en un hospital! Siempre es mejor ser chistoso, que ser el chiste de todos. Los elogios siempre son mejores que las críticas.

Los Amish (secta religiosa cristiana ultraconservadora) tienen un dicho, *"criticar es rezarle al diablo"*. **Un comentario sarcástico puede**

ser malinterpretado fácilmente. Como diría brillantemente el señor Wilde: "El sarcasmo es la forma más baja de humor...". ¡Oh, vamos, Oscar, tú eres la reina máxima – ¡ups! digo, ¡el rey máximo del sarcasmo!

En las cortes francesas de Luis XIV y de Luis XV, ser sarcástico e ingenioso era considerado un modo seguro de subir la empinada escalera social de Versailles. Allí, incluso la privacidad del Rey al hacer sus necesidades era violada, ya que también era un asunto social. ¡Imagínate escalar hasta el honor de entregar al rey Luis XVI papel higiénico para limpiarse!

¿Sabías que el Palacio de Versailles, con sus setecientas habitaciones, no tiene un solo baño para bañarse? ¡No es de extrañar que los franceses inventaran el perfume! Sobre María Antonieta, la fabulosa y fashionista *Dauphine de France* se rumoreaba que nunca había tomado un baño, por eso todas esas enaguas y voluminosas faldas... nada de sexo oral para MariAnton!

"Escuché que la caballerosidad estaba muerta, pero creo que sólo tiene una gripe".
-Meg Ryan

Chicos, mientras que el sarcasmo está pasado de moda, la caballerosidad, por otro lado sigue siendo muy apreciada, sobre todo en este nuevo milenio, cuando parece estar desapareciendo. Damas, solo por agradecer que le saquen la silla en la mesa o le abran la puerta, no las vuelve "damiselas en apuros". Asegúrate de dar las *gracias* al caballero. Más de una vez me han dejado sosteniendo la puerta a una dama sin siquiera recibir una mirada o un gesto, y he tenido que morderme la lengua para no decir: "por nada, ¡perra!"

Esto me recuerda lo que Magenta dijo en la película *Rocky Horror Picture Show*, refiriéndose a su patrón, el Dr. Frank-N-Furter: "*No espero nada*", a lo que él respondió: ¡*y lo recibirás en abundancia*! Esta película es muy recomendada si nunca te tocó en los cines de medianoche en los años 70. Especialmente en estos tiempos socialmente cambiantes, los buenos modales y la caballerosidad son agradables y apreciados.

"Ahora, no digas que no puedes jurar dejar de beber; es fácil.
Lo he hecho miles de veces".
-W. C. Fields

Cuando te dirijas al bar para tomar una copa en una ocasión social, ya sea una fiesta privada, una discoteca o un cabaret, siempre pregúntale a tus compañeros, incluso a un extraño agradable, si puedes invitarles una bebida. ¡Ésta es una gran manera de demostrar aprecio a tus amigos y de encontrar y hacer nuevos o, mejor aún, "ponerte dichoso"! Esto también significa que estarás pagando por la ronda de bebidas, así que prepárate para sacar esa tarjeta de crédito. Si estás en una situación donde todos tienen el vaso lleno, como en una cena o celebración, golpea el vaso con tu pluma fina (solo usa los cubiertos si se te olvidó la *Mont Blanc*!) y propón un brindis.

El brindar, ejecutado correcta y amablemente, es una tradición maravillosa que también está siendo olvidada, pues todo el mundo está ocupado texteando y hablando con gente que no está en la habitación. Sé sincero y breve en tu brindis, más o menos 30 segundos. No estás dando un discurso. Recuerda que siempre hay algo maravilloso que decir sobre todo el mundo y en cada ocasión. Por si te quedas sin palabras o vas terminando, te contaré algo inolvidable que oí en La Habana, Cuba.

Fue uno de esos maravillosos acontecimientos en uno de mis muchos viajes a mi patria. Un joven cubano, muy guapo, se levantó, elevó su copa y dijo en voz alta, como hablan los cubanos: *Salud que haya, que belleza sobra*. Al final de este maravilloso brindis, asegúrate de apuntar tu vaso hacia el anfitrión o la persona más hermosa en la habitación, sea hombre, mujer o entre ambos. ¡Tu brindis será inolvidable!

Otro anzuelo seguro para atrapar la atención de alguien es hacerle un cumplido honesto. ¡No le digas a una persona con sobrepeso que te encanta su cinturón! Y NUNCA le preguntes a una mujer si está embarazada, incluso si acaba de romper fuente, ya que es probable que solo esté gorda.

Todo el mundo tiene algo positivo, si no maravilloso, y no hablo de una pieza de joyería o ropa, sino que su sonrisa, ojos y actitud también pueden ser elogiados. Haz elogios inesperados, pues éstos cuentan como esos actos de amabilidad espontáneos que muchos gurús recomiendan. Podría ser un "pulgar arriba" o "lindo auto" a alguien en un vehículo bonito al lado del tuyo en un semáforo, o "se ve muy bien" a una señora mayor bien vestida que hizo un esfuerzo en vestirse. Probablemente no haya oído un cumplido sobre su apariencia en años.

Una vez le dije a la cajera de la farmacia local, que estaba trabajando sola en una noche muy ocupada, que gran trabajo estaba haciendo. Ella sonrió ampliamente y me dijo con sincera emoción: *Es la primera vez que alguien aprecia lo que hago.* ¡Ambos nos sentimos muy bien!

"Leamos y bailemos; estas dos diversiones nunca harán daño al mundo".
-Voltaire

Si eres un buen bailarín como yo, ¡a romper el hielo! Toma a la dama más bonita y llévala al centro de la pista de baile, nunca a los lados. Chicas, esto funciona para ustedes también. Recuerda, si un chico es buen bailador, la mujer ni siquiera tiene que saber bailar, él la hará parecer una profesional y viceversa. Así que, chicas, asegúrense de elegir un buen bailarín o estar lista para llevar el paso.

Sé la primera pareja en la pista de baile, no solo tendrás todos los ojos puestos en ti, sino que también tu anfitrión te agradecerá por ello. **Ninguna fiesta es realmente exitosa hasta que la pista de baile esté llena.** También puedes ser visto como el "alma de la fiesta". Si no eres buen bailarín, mantente sentado hasta que todo el mundo esté demasiado borracho para importarle o hasta que aprendas a bailar de una de las muchas escuelas y grupos de baile de cualquier ciudad. O mejor aún, ¡consíguete un amante latino!

"No sé si le gusto a la cámara, pero la cámara me gusta".
-Celine Dion

27

Ahora con los celulares inteligentes hay un cámara en prácticamente cada bolsillo. Me gusta decirle a la gente que diga *sex*, en lugar de *whisky* al tomar una foto, así obtengo una sonrisa más traviesa e interesante... ¡pruébalo! ¡Clic! Por favor, ¡no cuentes hasta tres! Toma la foto de una vez. Así las expresiones son más espontáneas y, si es una celebridad o una persona ocupada, su tiempo es muy preciado.

Recuerda mantener el teléfono firme en la posición correcta, preferiblemente horizontal. Cuando grabes vídeo, ¡SIEMPRE sostén el teléfono horizontalmente! a no ser que sea para Instagram. Acércate, a nadie le importa los zapatos que lleva, la razón de la foto suele ser ver amigos y familiares sonriendo juntos. Toca ligeramente el botón del teléfono. Hacerlo con fuerza es la causa de la mayoría de las fotos fuera de foco.

Siempre trato de usar el *flash*, incluso al aire libre; esto funciona como un relleno. La mayoría de los interiores están iluminados desde arriba, esto causa sombras feas en la cara, especialmente en gente de cierta edad y aquellos que usamos gafas.

Ya sea una alfombra roja, un evento especial, una reunión familiar o simplemente un grupo de amigos, una cámara está destinada a aparecer. ¡Recuerda que esas imágenes probablemente terminarán en Facebook, Instagram y otras redes sociales para que todo el mundo las vea! Aquí está mi secreto de director de cine de Hollywood sobre cómo lucir siempre genial en una fotografía.

Primero, ponte derecho. ¡La postura te puede sumar o restar diez años a tu edad! También puede agregar unos centímetros a tu estatura. Mete la barriga, incluso si la ropa la cubre; y chicas, que sobresalgan esos pechos. Chicos, asegúrense de que sus abrigos estén abotonados y humedézcanse los labios.

Inclínate un poco hacia delante. Hará que tu cara se vea más delgada. Sonríe amplia y sinceramente, toma aire profundamente y sostén la sonrisa y la mirada a la lente de la cámara hasta que se apague el segundo *flash* (en la mayoría de las cámaras y teléfonos el primer *flash* es para cerrar la retina y evitar los temidos "ojos de Drácula"). Si no te sientes seguro, ensaya tu sonrisa en el espejo. Sonreírte a ti mismo es también un muy positivo ejercicio para la autoestima. Napoleón Hill, autor en 1937 del primer libro de autoayuda, "Piense y hágase rico", recomienda tener un espejo de mano y saludarse y elogiarse a diario, ¡y en voz alta!

Trata de evitar tomarte fotos mientras estás sentado en esos tan populares sillones y sillas bajos. ¡Parecerás el jorobado de *Notre Dame*! Si debes permanecer sentado, siéntate al borde del asiento y haz lo mismo que si estuvieras levantado: ¡Enderézate, mete barriga, respira profundo y mantén esa sonrisa!

Pide, demanda que tomen la foto desde arriba de la línea de visión, esto hará que todo el mundo se vea mejor. Nunca te dejes fotografiar desde abajo, te verás gordo y, si acaso tienes un poco de sobrepeso, ¡te verás enorme! ¿Cómo se retratan las chicas Kardashians en sus famosos "selfies"? ¡Siempre desde arriba!

Si tienes manos venosas, como muchos de nosotros y es una foto que incluye tus manos, levántalas por encima de tu cabeza por unos 30 segundos. La sangre se drenará y las venas desaparecerán el tiempo suficiente para las fotos. Pruébalo ahora mismo. ¿No es asombroso? Aprendí este truco dirigiendo comerciales, para hacer tomas de mano, por lo general se usan modelos de mano profesionales sosteniendo el producto. La modelos de manos y pies son muy requeridos y hacen muy buen dinero. El levantamiento funciona bien también con las piernas. Al filmar zapatos y en especial sandalias, las modelos se acuestan en el suelo y ponen sus piernas para arriba en la pared hasta que las llaman... ¡y no hay venas!

"Hay un tiempo para irse, incluso cuando no hay un lugar seguro a donde ir".
-Tennessee Williams

Cuando estoy listo para irme de algún evento, **simplemente agradezco y me despido de los anfitriones, amigos muy, muy cercanos y tal vez de alguien especial por quien me gustaría ser recordado.** Entonces simplemente me escapo, evitando esas escenas vergonzosas de "No te vayas, tómate otra copa". Asegúrate de estar sobrio y en buen estado para conducir. Si te sientes al menos un poco borracho, pídele a alguien que vaya a tu misma zona que te lleve, o mejor aún, llama a un taxi – esa es una de las grandes ventajas de tener teléfonos celulares o mejor, una de las excelentes opciones ahora son los servicios como Uber y Lyft, ¡una de las grandes invenciones desde el teléfono celular! Si no sabes qué son, pregúntale a la memoria de Dios: ¡Google!

Asegúrate de llamar personalmente al anfitrión y darle las gracias al día siguiente. Si no puedes comunicarte por teléfono, envíale un amable correo electrónico o mensaje de texto. Ahora, si realmente quieres dejar una gran impresión, escríbele… sí, con un bolígrafo, una tarjeta sencilla de agradecimiento y envíasela por correo. Siempre tengo tarjetas personalizadas con mi nombre impreso discretamente en relieve. **En esta era de la comunicación electrónica, una nota manuscrita es más apreciada; esto también se aplica muy bien en los negocios.**

¡Recuerda siempre!

★ Hazte una promesa a ti mismo, ten un lema.
★ Nunca hay una segunda oportunidad para dar una primera impresión
★ Estrecha la mano firmemente, di claramente tu nombre y repite el nombre de la persona que estás conociendo
★ ¡Recuerda un nombre imaginando cosas ridículas sobre la persona!
★ Siempre confirma al recibir una invitación RSVP
★ Conoce a dónde vas y quién estará allí; averigua usando el Internet o a la vieja manera: llamando a tus amigos
★ Actualiza tus perfiles y fotos en redes sociales tan a menudo como sea necesario
★ No te quedes en casa, ¡sal y socializa!
★ Llega temprano y nunca con las manos vacías.

★ Vístete para la ocasión.

★ Revisa tu aliento antes de salir y refréscalo.

★ ¡Calla y escucha!

★ Antes de decir algo, pregúntate: ¿Es cierto?, ¿Es necesario?, ¿Es amable?" Si no lo es, no lo digas.

★ "La gente brillante habla de ideas, la gente mediocre habla de eventos, la gente común habla de otras personas".

★ La caballerosidad y los buenos modales te harán brillar.

★ Utiliza tu teléfono celular consideradamente cuando estés en público.

★ Enderézate para las fotos.

★ Al tomar fotos, pídele a la gente que diga *sex* en lugar de *whisky.*

★ Agradece al anfitrión al día siguiente.

«La gratitud, después del amor, es la más importante de todas las emociones". Este no es de Oscar, es mío, para ustedes de todo corazón.

Capítulo
DOS

Negocios

"Nunca es demasiado tarde para destapar tu potencial"
-George Elliot

Sigue tu pasión y haz lo que amas. Verás que es el mejor y más rápido camino al éxito profesional, así como a la satisfacción personal. Dudar destruye más sueños que el fracaso. No te quedes atascado en un trabajo que odias, ¡eventualmente eso te matará y tu espíritu morirá mucho antes que tu cuerpo! Fui afortunado e inteligente de encontrar mi pasión, el cine, muy temprano en la vida. De hecho, fue en la escuela secundaria. Sin embargo, nunca es demasiado tarde para encontrar tu vocación; ¡Louise Hay comenzó *Hay House,* su imperio de publicaciones, a la edad de 58 años!

"Un hombre que no piensa por sí mismo, no piensa en absoluto".
-Oscar Wilde

Los consejos sociales y el conocimiento que te he compartido en el capítulo uno se aplican especialmente en los negocios. Comprueba tu "persona virtual" en línea, asegúrate de que todo sea preciso y actualizado en tus perfiles de redes sociales, así como también tus fotos. Esta información es valiosa para hacer conexiones, ya sea que vayas a una entrevista de trabajo, hagas una presentación o conozcas un nuevo cliente, incluso en una convención o una conferencia.

¡Gracias a Dios por Google y LinkedIn! Tan importante como es el averiguar a qué tipo de fiesta has sido invitado, y quién va a asistir, en los negocios lo es más. **Ponte en línea e investiga a fondo a la empresa o cliente con que te reunirás**, revisa sus páginas web y de Facebook. LinkedIn también es un gran recurso para saber sobre las empresas y sus empleados. El conocimiento es poder, y puede ser muy útil en una entrevista, reunión o evento.

"Puedes conseguir todo lo que buscas si te vistes para ello".
-Edith Head

Vestir el atuendo adecuado para una entrevista o encuentro es extremadamente importante. En lo que concierne a destacarse, la imagen logra un gran impacto. Tengo una anécdota divertida que compartiré contigo sobre esto. Estábamos filmando una campaña para un importante banco norteamericano en Miami. Ya que nos encontraríamos con "gente de banco", le dije a mi personal masculino que usaran chaqueta y corbata, y a las damas que se pusieran vestidos (la gente del mundo cinematográfico usualmente viste muy casual... o mejor dicho "desastrosos al vestir"). Cuando nuestros clientes llegaron, ¡todos estaban usando vaqueros, polos, e incluso bermudas, luciendo muy casuales! Verás, los banqueros usan traje todos los días, y les encanta tener la oportunidad de vestir informalmente, en especial los hombres, que deben padecer el tener que usar chaquetas y corbatas en el clima tropical de Miami. Todos soltamos una gran carcajada y con eso se rompió el hielo. Este tipo de encuentros pueden ser muy tensos y bastante incómodos. El buen humor y camaradería en este divertido primer encuentro se mantuvo a lo largo de otras reuniones y durante la filmación. Produjimos una maravillosa y exitosa campaña de comerciales para el banco. Claro, es mejor vestirse formal que casual, pero lo opuesto, en el caso de este ejemplo, que bien pudo haber sido desastroso, resultó muy bien.

Puedes agradecerle a la cultura tecnológica por los enormes cambios en lo que refiere a vestirse para el éxito. Directores ejecutivos pueden fácilmente ser vistos usando sacos con capucha, *hoodies* o vaqueros, como sus empleados. Basta con mirar a Mark Zuckerberg, el fundador de Facebook con sus eternas camisetas, *t-shirts* oscuras. En los Estados Unidos, muchas empresas han optado por un ambiente de trabajo más casual, y junto con ello, también un código de vestir más casual – ya no hay más reglas estrictas. Mi consejo: pásate antes por la oficina o empresa que vas a visitar, de incógnito, y mira cómo se viste la gente. Recuerda que existe el "viernes casual", así que no vayas un viernes si el encuentro es en otro día de la semana. Esta es la mejor forma de saber qué vestir, y eso te dará confianza, así como también es una buena forma de saber cómo es el ambiente de la compañía – casual o estricto.

Una de las ventajas de ser un director gay de cine es que ¡puedo vestir como se me antoje! ¡Esto cuenta como una de mis muchas bendiciones y grandes privilegios! Hablaré más acerca de vestuario en el capítulo tres.

"La puntualidad es el primer paso hacia el éxito".
-Nishtunishaa

La puntualidad significa llegar de 10 a 15 minutos antes. Date tiempo suficiente para los retrasos en el tráfico, pues este es el único momento en que realmente se tiene que ser puntual. Lleva una pluma fina (siempre tengo mi *"Petit Mont Blanc* en mi bolsillo de camisa o chaqueta. ¡Siéntate recto, sonríe y NO saques tu *Smartphone* para navegar o enviar mensajes de texto! Aprovecha los pocos minutos antes de la reunión para observar – se puede aprender mucho al observar y escuchar interacciones. Sé lo más encantador que puedas con el o la recepcionista. Los recepcionistas son la primera línea de defensa, y a menudo se les pregunta sobre tu comportamiento mientras esperas.

Ten tu auto lavado y limpio por dentro y por fuera. Algunos ingeniosos empleadores y reclutadores (los profesionales que ayudan a las grandes empresas a encontrar a los ejecutivos adecuados) de hecho revisan los autos en cuanto a la limpieza y pulcritud. No sé tú pero, al menos en mi caso, y creo que en la mayoría de la gente, nuestro auto es nuestro "segundo hogar/oficina", ¡y a menudo es un desastre! Trato de mantenerlo limpio y nítido en todo momento, incluso si es alquilado.

Bueno, esto sonará un poco loco - pero confía en mí, ¡realmente funciona! **Ve a un lugar donde nadie te pueda ver, como un baño o una escalera, y adopta una postura de "superhéroe":** Piernas ligeramente separadas, puños en las caderas y mirando hacia arriba, como Superman o La Mujer maravilla. Mantén esta postura de 3 a 4 minutos y repítete en silencio afirmaciones positivas como; "Soy un ganador, la gente me respeta y me quiere". Siéntete libre de crear tu propio mantra. Se ha demostrado científicamente que hacer esto aumenta en gran medida la tasa de éxito en pruebas, entrevistas de trabajo y otras más. ¡También es magnífico para tu autoestima!

Y no olvides lo que ya hemos comentado, la forma correcta de reunirse y presentarse. Esto aplica especialmente en los negocios. Asegúrate de tener una tarjeta y un currículum, si es apropiado (más sobre el currículum u "hoja de vida" más adelante). Después de la reunión, es apropiado conectarse profesionalmente en LinkedIn. Esta es también una excelente manera de mantenerse al día con las personas a medida que ascienden o se trasladan a otro trabajo.

Mientras trabajaba con clientes japoneses en una campaña comercial de Toyota, aprendí de primera mano el ritual del intercambio de tarjetas en Toyota City, Japón; (¡Sí, existe tal lugar!). Los japoneses no estrechan manos, sino que se inclinan, ¡algo mucho más higiénico! La práctica de intercambiar tarjetas asegura, primero que cada uno sepa el nombre y la posición de todos, y también dice: "Estoy aquí para hacer negocios". ¡No tener una tarjeta en una reunión de negocios es imperdonable! La mayoría de las culturas asiáticas observan esta práctica.

El lenguaje corporal es extremadamente importante, asegúrate de que el tuyo diga que eres elegante, seguro y confiable. Sonríe, haz contacto visual y asegúrate de sentarte derecho (recuerda que eres un "superhéroe!"), e inclínate adelante un poco durante la entrevista o la conversación. Esta "invasión del espacio", aunque sutil, puede ser muy eficaz. En caso de duda, no tengas miedo de hacer preguntas y verificar las respuestas. Esto enviará el mensaje positivo de que buscas la información correcta. Con tus comentarios, demuestra que hiciste tu investigación sobre la empresa y haz observaciones específicas pertinentes a la conversación.

Sé asertivo, especialmente en una entrevista. No digas simplemente "sí" o "no". Responde preguntas comenzando con algo así como; "En mi experiencia..." "Así es como lo manejé..." Más importante aún, asegúrate de sugerir cómo puedes resolver sus problemas.

¡Sé entusiasta! Déjales saber cuánto deseas unirte al equipo y qué aportarás, especialmente si tu aporte es innovador. Eso es si realmente quieres el trabajo después de la entrevista. Si no estás interesado en el puesto, sé educado y dales las gracias por su tiempo, siempre sonriendo. **Nunca cierres una puerta.** ¿Recuerdas mi clase de Psicología 101 del capítulo uno? Aquí hay otros consejos muy prácticos que aprendí que son de gran utilidad en los negocios:

★ **Eco de postura**: Cuando hablas con una persona o un grupo, ya sea en una cena o en una sala de conferencias, puedes averiguar a quién le agradas, quién está de tu lado y quién no. Cambia tu posición en la silla; digamos que te inclinas hacia atrás y sostienes la barbilla con una mano, espera como un minuto y entonces observa quién repite esa postura. Esa persona está de tu lado. ¡Esto realmente funciona! Es crucial, y a veces vital saber a quién, en el lado opuesto de la mesa, le gustan tú o tus ideas. La próxima vez que salgas a comer, en cualquier lugar, ten en cuenta cómo las parejas, si tienen una buena relación, reflejan la postura del otro. ¡NUNCA cruces los brazos sobre el pecho, es como decir "cerrado"!

★ Al gesticular en una reunión o en una conferencia, usa la mano izquierda para expresarte, es más efectivo y convincente. Tocarte el pecho con la derecha indica que no estás diciendo la verdad. ¡Esto es muy útil para los cubanos e italianos, que usamos muchos gestos con las manos!

★ Si estás negociando con alguien "de tú a tú", siéntate a su izquierda. Serás más convincente.

★ Adopta una posición cómoda mientras escuchas, especialmente con las muñecas relajadas. Eso significa que estás prestando atención. Las manos juntas comunican *estoy de acuerdo.*

★ Tocarte la nariz mientras te cubres la boca indica escepticismo, pero si te tocas los lados de la boca, significa una autoevaluación negativa por parte del hablante. O sea, ¡no estas siendo sincero!

★ Señalar con el dedo índice al hablar hace que el orador se vea arrogante, mientras que abrir los brazos y bajar la barbilla muestra humildad.

★ Rascarte detrás de las orejas o dar vueltas a un anillo en el dedo muestra ansiedad.

★ Poner las puntas de los dedos juntos en forma triangular connota confianza y credibilidad.

Utiliza estos mensajes que comunica el lenguaje corporal para negociar y captar mejor a tus contrapartes. Recuerda que estos son gestos inconscientes, pero prestarles atención sin duda te dará una ventaja en cualquier situación, no solo en los negocios. Me parece también algo muy útil si estoy tratando de insinuarme con alguien, especialmente un extraño.

Aquí hay algo no relacionado con el negocio que necesitas saber: **Cuando tu pareja te bese, si él o ella no cierra sus ojos, ¡no hay amor en ese beso!**

Ahora, de vuelta a la reunión de negocios, esta vez elogia honestamente a la oficina, no la persona, si sientes que es apropiado. Algo en el lugar está destinado a ser agradable. Tenemos este radar especial en el estómago que nos dice y nos advierte qué hacer o decir, se llama "intuición". ¡Escúchala! Préstale atención y obedécele. Siempre te llevará a tomar la decisión correcta.

Recuerda los nombres con el "método" que compartí antes. Debes de llevar tu agenda o una libreta para tomar notas a todas y cada una de las reuniones que participes. Haz un mapa de la mesa con los nombres de las personas en ella. Como puedo dibujar bien (¡cuantos talentos, lo sé!), por lo general hago una rápida "caricatura" de la persona en la tarjeta de presentación. Escribe siempre la fecha y la ocasión y algo para "recordar" a esa persona en la tarjeta. Te ayudará mucho a la hora de recordar de quien es.

Si el intercambio se hace con teléfonos celulares, como es tan común ahora, pídele educadamente a la persona permiso para una foto, si le parece, e incluye su nombre completo, número de teléfono celular y VERIFICA la dirección de correo electrónico. ¡Recuerda que una letra, incluso un "punto" equivocado en una dirección de correo electrónico puede hacerla inútil!

"Toda la papelería que necesitas es una tarjeta de presentación y una tarjeta en blanco"
-Luis Palomo

La muy importante tarjeta de presentación, y una simple tarjeta doblada, son en realidad las únicas piezas de papelería necesarias en la era electrónica. Vale la pena gastar el dinero en un buen diseñador gráfico y una buena imprenta. Te recomiendo que utilices papel reciclado, no sólo por obvias razones ecológicas, sino también porque es fácil de escribir en él.

Esas tarjetas en papel brillante de lujo no permiten agregar información valiosa con una pluma normal. Por favor, utiliza un estilo y tamaño de fuente legible. ¡Considera que la persona que firma tu cheque probablemente no lea por debajo de los 12 puntos de tamaño!

Una vez, contratamos a una diseñadora gráfica, y cada vez que tenía que leer su tarjeta, la fuente era tan pequeña, creo que de 8 ó 9 puntos, que tuve que conseguir una lupa... ¡La despedí! ¡Una buena tarjeta de presentación es tan importante como los "primeros 2 minutos", con la excepción de que esta dura para siempre!

"Sé una persona, no un currículo"
-Sharad Vivek Sagar

Algo rápido sobre los currículos. Sé que los expertos en negocios recomiendan no poner la foto en ellos. Ahora, si eres feo, déjala fuera, pero **si estás un poco por encima de "OK" o "tolerable", hazte un buen retrato, preferiblemente de un profesional, y ponlo en un lado en la parte superior del currículo.**

Las fotos profesionales también son perfectas para tu cuenta de LinkedIn. En mi compañía de producción recibimos semanalmente docenas de currículos. A veces no podemos distinguir el sexo del solicitante por nombres andróginos como Ariel, René o Alex. Siempre es mejor ponerle una cara al nombre.

Si estás en una industria creativa, ten un currículo creativo, ¡pero no si eres un sepulturero! ¡NO! Recientemente, estaba buscando un diseñador gráfico y recibí muchos currículos. Hubo uno que realmente se destacó - utilizando pequeños "pájaros en alambre" separando las diferentes áreas del currículo. ¡A él le di el trabajo!

Mantén tu currículum a una página, a menos que realmente tengas más que decir, como una extensa experiencia laboral o información MUY interesante y relevante sobre ti. Incluye experiencias como voluntario, actividades extracurriculares y aficiones solo si son relevantes para el puesto al que solicitas. Tener interés en escribir es una ventaja al solicitar a un puesto editorial en una revista. ¡A nadie le importa si coleccionas monedas, sellos o calcetines malolientes!

Tengo una anécdota interesante sobre mi currículo. Tengo negocios con una gran amiga que es muy exitosa, una millonaria hecha a pulso. Ella es muy conservadora en su manera de vestir y en cómo se comporta; ¡somos sin duda un perfecto *Ying y Yang*! Cuando llegó el momento de abrir una cuenta bancaria de nuestro negocio, yo estaba fuera del país, así que ella fue sola. Vestida para el rol, por supuesto, en su traje de diseñador, probablemente Chanel, llevaba una fina cartera de cuero con todos los documentos legales necesarios, además de un plan de negocios de cinco años y su muy impresionante currículo.

Había impreso todos los documentos, pero cuando fue a imprimir mi currículo, se le acabó el papel, ¡no solo en la impresora, sino también en toda su oficina! Todo lo que tenía era papel rosado fluorescente, así que tomó una decisión de negocios: O dejaba a su importante socio fuera o imprimía su currículo en papel de color rosa. Por supuesto, ella lo imprimió (esto me causó mucha gracia).

Cuando se reunió con el gerente del banco, él recogió, de entre todos los papeles, mi currículo, y dijo: Éste debe ser el socio creativo. ¡Fue el único documento que leyó completo! Siendo un hombre gay que está en contacto con su lado femenino, esto no me importa en absoluto. De hecho, debería reconsiderar la "papelería rosa", ¡como Reese Witherspoon en *Legalmente rubia!* Pero yo no iría tan lejos como el "papel perfumado". La moraleja es, **cuando tengas que hacerte destacar... y deberías, el fluorescente puede ser una gran elección.**

"Yo pruebo cualquier cosa dos veces".
-Luis Palomo

Al final o al comienzo de tu currículum, y esto depende de ti, ponle tu "lema". El mío es *si deseas un trabajo, por favor no uses el mío.* No uso *Carpe Diem,* ni "aprovechar el día". Se han usado hasta el cansancio! Prueba algo más positivo y creativo, algo que describa tu perspectiva, tus esperanzas y sueños para el futuro. Si necesitas ayuda, busca en línea las citas de un autor o actor favorito, o cualquier persona famosa que valga la pena citar. Siempre empiezo con Oscar Wilde, ¡pero ese soy yo! Debe ser solo una frase. Aquí va un par:

"El valor de una idea radica en el uso de la misma".
-Thomas A. Edison

"Si hay que hacer algo, hazlo bien, con energía y devoción."
-Dhammapada

Siempre asegúrate de despedirte con entusiasmo, como en el comienzo, con la misma sonrisa y firme apretón de manos o con besos cuando corresponda, con todos los que has conocido. Utiliza su nombre de pila, a menos que sea alguien de gran estatus, y usa "señora", "señor", "doctor" o "Su Alteza." Si acabas de conocer al Papa llámale "Su Santidad".

En lugar de enviar un correo electrónico de agradecimiento, envía una tarjeta por correo. Como mencioné antes, y enfatizaré una vez más, **recibir un correo real en un sobre y con una bonita estampilla estos días, especialmente si es breve y escrito a mano, da una impresión magnífica.** Realmente sugiero que hagas esto cada vez que conozcas a alguien por quien quieres ser recordado. Siempre tengo una simple y elegante nota doblada o una tarjeta de correspondencia solo con mi nombre en relieve. Puedes pedir una de una gran selección en www.americanstationery.com.

Ahora que sabes cómo hacer una entrada y salida, socialmente y en los negocios... ¡ve y disfruta del triunfo!

"El espíritu humano necesita realizar, lograr y triunfar para ser feliz".
-Ben Stein

¡Recuerda siempre!

★ Sigue tu pasión
★ Ten y muestra una aptitud y actitud positivas
★ Dudar destruye más sueños de lo que fallar jamás podrá
★ ¡Eres un superhéroe!
★ Mantente preparado, haz tu tarea en línea sobre el negocio y la gente con quien te vas a reunir
★ Asegúrate de que tus perfiles y fotos en línea sean perfectos
★ Vístete apropiadamente para tus citas
★ Llega temprano y sé cortés con la recepcionista
★ Entrégales a todos en la reunión una tarjeta de presentación
★ Sé elocuente y asertivo cuando hables
★ Sé un buen oyente y presta especial atención al lenguaje corporal
★ Envía una carta de agradecimiento después de tu visita

Capítulo
TRES

DGC

¡Vístete para tener éxito y expresa quién realmente eres!

L a moda es la forma más sencilla e inofensiva de apoyar la economía global. Piensa en cuántos cientos de miles, tal vez millones, de personas emplea esta industria, desde diseñadores famosos a niños asiáticos en fábricas.

Pero en lugar de ser simplemente un "esclavo de la moda" te sugiero que tomes las últimas tendencias y las interpretes a tu manera. Es lo que yo hago. Puesto que también soy un "ecologista apasionado" (más sobre este importante tema más adelante), **compro buena parte de mi ropa en tiendas de segunda mano y boutiques de consignación.** Considera la posibilidad de comprar en una que apoye tu causa de caridad favorita - por ejemplo en mi caso, como gay, elijo aquellas cuyos beneficios van a las fundaciones contra el SIDA.

Lo sugiero contundentemente, al menos debes intentarlo, ¡es muy divertido! Además, ¡a todo el mundo nos gusta las gangas y un ocasional "baño de pueblo"! "Reutilizar" es mejor que "reciclar", ya que no se necesita energía para reutilizar una botella de vidrio o plástico, un mueble, o en este caso, una prenda de vestir. Con la nueva economía, las tiendas de consignación se han puesto "chic", y puedes encontrar alta moda a precios muy bajos - tal vez no tan bajos como en una tienda de segunda mano, pero sustancialmente por debajo del precio de mercado. Allí puedes comprar con confianza, ya que estas tiendas también son muy exigentes con que la ropa y los accesorios estén limpios y en perfectas condiciones. El acto de reutilización es incluso parte de un gran movimiento económico llamado la "economía circular".

Usado vs. a la medida

"La elegancia no consiste en ponerse un vestido nuevo".
-Coco Chanel

Cuando estés en uno de estos establecimientos, ya sea una de esas fabulosas súpertiendas Goodwill, una tienda de consignación en Nueva York o en el mercado de pulgas en París, **deja que tu sentido del tacto te guíe.** En lugar de solo mirar la ropa, siéntela con las puntas de los dedos. Cuando toques algodón egipcio, seda o cachemira, tus dedos te lo harán saber. Lo mismo con el poliéster, ¡bah!

En la mayoría de estos lugares, puedes encontrar algo bueno usado, incluso ropa nueva. Otra ventaja con la ropa usada buena y costosa es que la gente rica que la dona usualmente la usa solamente una vez, si acaso. ¡Una vez compré un traje de diseñador por $10 dólares con la etiqueta de precio original todavía puesta!

En las tiendas de segunda mano, inspecciona la prenda cuidadosamente para buscar pequeñas manchas, botones faltantes o rasgaduras. Una manera de saber si una chaqueta se ha usado mucho es voltear las mangas de adentro hacia afuera y buscar manchas de sudor en la axila. También busca en los cuellos de camisas, blusas y chaquetas las temidas manchas alrededor del cuello. Este es un buen momento para poner otro de tus sentidos a trabajar: el olfato. Olfatea la prenda, si hay un olor que una buena lavada no sacará, ¡déjalo! Siempre lava o manda a limpiar en seco las prendas usadas antes de usarlas.

"Las modas pasan, sólo el estilo es eterno"
-Yves Saint Laurent

Algo que amo hacer, y no necesitas seguirme en esto, es "personalizar" mi ropa. Cuando viajo a países donde la mano de obra es muy barata, me gusta poner apliques, bordar o teñir, simplemente cambiar la prenda para hacerla mía, única.

Otra forma de lograr un efecto similar y de sentirte como un millonario es tener la ropa hecha a tu medida. Esto siempre asegura un ajuste perfecto. Sucede que soy de talla 40 Regular exacta en chaquetas, pero sé que no todo el mundo es tan afortunado. ¡No es culpa mía haber nacido en este fantabuloso cuerpo! **Un buen sastre o fabricante de trajes o camisas puede ser prohibitivamente caro en los EE.UU. y Europa, pero en América Latina o Asia encontrarás talentos excepcionales a precios *fantabulosamente* bajos.** De hecho, muchos sastres asiáticos de alto nivel viajan a Nueva York, Chicago y Los Ángeles varias veces al año para reunirse con sus clientes − y así fabrican en Asia las prendas personalizadas a una fracción del costo. Además, ten en cuenta que el arreglo de esa gran prenda de segunda mano puede hacer una gran diferencia, a un precio muy modesto.

Yo mando a hacer mis camisas favoritas en Panamá, donde encontré una gran tienda de telas de tercera generación. No confíes siempre en la etiqueta de "100% algodón" y, otra vez, deja a tu tacto indicarte si es real. Envuelve la tela alrededor de tu cuello, esta es una manera segura de detectar esa temida abominación: ¡el poliéster! Siempre confía en tu sentido del tacto, no importa lo que diga la etiqueta.

Hay una tribu muy especial y exótica de indígenas en Panamá llamada *Guna Yala*. ¡Viven en el paraíso en la tierra! 365 micro-islas en las poco profundas y turquesas aguas del Mar Caribe del Sur; el Archipiélago de San Blas.

Las mujeres Guna hacen y usan un intrincado aplique de tela bordado en reverso del tamaño de un individual de mesa llamado Mola. Ellas los usan en la parte delantera y trasera de sus blusas, por lo que los molas siempre vienen en pares.

Me he mandado a hacer patrones Mola, cosidos o bordados para mis camisas y jeans, con mis diseños basado en sus maravillosos patrones geométricos tradicionales y eligiendo mis colores. Uno de estos patrones es la *clave griega*, inmortalizada por el gran Gianni Versace. A veces la gente me pregunta si mi camisa es una Versace, y por lo general respondo: "¡Donatella quisiera poder hacer una camisa como esta para el Carnaval de Venecia!"

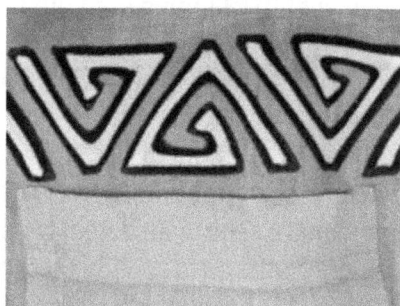

En Colombia hay excelentes sastres y costureras, además de maravillosas telas de excelente algodón. Recientemente, me mandé a hacer en Bogotá seis camisas y me regalaron la séptima. ¡*Fantabulosas*!

También tengo siempre por lo menos dos bolsillos en todas mis camisas hechas a la medida. Verás, en clima tropical, un jaquet o chaqueta, con todo y sus útiles bolsillos – por lo menos seis -, está fuera de discusión. Dos bolsillos, y a veces cuatro como en las guayaberas, de las que también tengo muchas, son la única manera de llevar mi pluma *Mont Blanc*, lentes de sol, tarjetas de presentación (¡siempre llévalas consigo, ¡SIEMPRE!), un pasaporte e incluso mi *iPhone*. Personas de todo el mundo elogian mis camisas. ¡Algunos de hecho han querido comprármelas aún puestas! Pero, otra vez, ése soy yo, un director de cine gay que puede salirse con la suya con su propio sentido excéntrico de la moda.

En una ocasión, mandé a hacer una camisa maravillosa para un amigo que es un político importante en Miami y resulta ser muy guapo, con unos ojos azules de ensueño (como dije, es solamente un amigo, ¡OK!) Elegí un poplín de algodón azul claro, que combinara con sus ojos, con rayas blancas muy finas. Tenía mi tradicional diseño de clave griega Guna en blanco y un azul ligeramente más oscuro aplicado en el cuello, puños y bolsillos. Él tuvo las agallas de llevarlo a una convención nacional, en lugar del traje y corbata obligatorios, donde era el orador principal.

Más tarde me confesó: "¡Luisito, si hubiera tenido 200 de esas camisas, las habría vendido todas!" Muchas personas me dicen que debería lanzar mi propia línea de estas camisas, pero por ahora, las reservo para mí y mis amigos íntimos, ya que estas joyas bordadas a mano no pueden ser producidas en grandes cantidades.

Comprando ropa nueva: Centros comerciales vs. en línea

"Me encanta la ropa nueva. Creo que si todo el mundo pudiera usar ropa nueva todos los días, la depresión ya no existiría".
-Sophie Kinsella

Mi primer consejo antes de ir a comprar ropa nueva, en centros comerciales o en línea, es volver al clóset – ¡no, no quiero decir "ese closet" me refiero al armario! Puede ser que ya tengas allí la prenda que necesitas. "Ir de compras" en el propio armario se volvió de moda durante la última recesión de 2008. Ya que estamos en tu armario, te aseguro que tienes demasiada ropa. Tómemos un tiempo y vamos a revisarlo.

Con este renovado énfasis en mantener la ropa que realmente te luce – la gurú organizacional japonesa Marie Kondo sugiere que la ropa tiene su propia energía y que deberías sostener en tus manos cada pieza en tu armario o cajones para determinar la sensación que provoca. Si no te da felicidad, agradécele por el papel que desempeñó en tu vida y déjala ir.

Otra buena regla es, **si no lo has usado en un año, créeme, ¡no lo usarás de nuevo, nunca!** Dónalo - ves, ahora también estás contribuyendo a la cadena de la moda ambientalmente responsable. Esto también va para esos pantalones que compraste para «cuando recuperes la figura". Incluso si todavía tienen la etiqueta de precio, ¡deshazte de ellos! Al revisar tu ropa, haz un inventario por tipos de prendas; camisas, vestidos, chaquetas, etc, te dará una idea precisa de lo que necesitas para agregar o deshacerte de tu guardarropa.

En el centro comercial, puedes aventurarte en una tienda por departamentos bajo la premisa de que tienen todas las marcas. A menos que tengas un diseñador favorito y comprobado cuyo estilo y ajuste adoras, no recomiendo las grandes tiendas. También puedes comprarle a la mayoría de diseñadores en línea - ¡incluso de alta costura! Mi hermana, por ejemplo, es pequeña y clásica, por lo que Ann Klein es perfecto para ella. En una gran tienda, tener demasiadas opciones realmente diluye mi atención y me ha hecho hacer malas compras. ¿Te ha pasado esto también? ¡Te sugiero que salgas de ahí!

Ir a una tienda más pequeña es una experiencia de compra mucho mejor y, de nuevo, debe ser un establecimiento que se adapte a tu estilo y presupuesto. Lo más probable es que obtendrás un mejor servicio y, con menos opciones, harás la compra correcta.

Una de las razones por las que ir de compras durante un viaje es tan divertido, y tan aventurero, es porque te puedes salir del "molde" de los Gap y H&Ms del mundo. También se siente bien saber que le das tu dinero a una persona real, en lugar de a un conglomerado multinacional.

¿Sabías que la misma compañía es dueña de *Banana Republic*, *Gap* y *Old Navy*? También son dueños de otras marcas menos conocidas como *Athleta*, especializada en prendas deportivas, (lo siento, eso era obvio), *Piperlime* e *InterMix* que atienden a un mercado más joven y exigente y venden solo en línea.

Mi punto es que ¡solo unas pocas empresas controlan todo el espectro del mercado de la industria de la moda masiva! Así que digo **vamos a la pequeña tienda, al diseñador que en realidad está creando moda real y apoyémoslos con nuestro dinero.** Si esto sucede en tu vecindario, ¡tanto mejor! Como decimos los ecologistas: "Piensa globalmente, actúa localmente".

¡Basta de política, lo siento, me dejé llevar! Volvamos a la diversión de la ropa. Siempre debes tener un guardarropa básico. Al igual que las damas deben tener «un pequeño vestido negro.» ¡Dios te bendiga, Coco Chanel! **Tanto damas como caballeros deben tener por lo menos un par de jeans con buen ajuste y pantalones caquis o "chinos"** (¿por qué llaman a los pantalones «chinos»?) Y por buen ajuste no me refiero a apretados – hay que dejarle los jeans apretados, *skinny jeans* a las personas que tienen la figura para usarlos, ¡como yo!

Una camisa blanca clásica es obligatoria para ambos sexos, como lo ha demostrado Carolina Herrera. Llévala de manera casual con unos *jeans* o formal con una chaqueta. ¿Qué tal una camisa de *tuxedo* con pantalones cortos? A mis damas, un "pequeño vestido blanco" es también una gran declaración de moda. Puede ser tan *chic* y elegante como el "pequeño vestido negro", cuando se usa bien. Acentúa tu cintura con un cinturón negro. El vestido no tiene que ser "blanco nieve", hay muchos tonos; desde blanco apagado a *beige*.

La camiseta, remera, franela... ¡*T-shirt*!

"Me siento sexy con mis jeans y usando la camiseta de mi novio".
-Jennifer Aniston

Mientras estamos en el tema de camisas y blusas, vamos a hablar de una prenda muy práctica y esencial para hombres y mujeres, la camiseta interna, conocida por muchos nombres dependiendo de tu país y a la que llamaremos en inglés *T-shirt*. Se puede usar sola, especialmente en climas cálidos. Esto puede aplicar para ti, pero yo necesito mis dos bolsillos, así que en mi caso todas las camisetas son blancas y van debajo de la camisa.

Sugiero a los hombres llevar esta simple prenda debajo de la camisa, especialmente en los meses de verano y en climas cálidos. La camiseta absorberá el sudor. Asegúrate de que es 100% de algodón ¡o te hará sudar aún más! Una *T-shirt* hará que te veas y sientas seco - ¡nada peor que las axilas sudorosas! Esto no solo conservará tus camisas sino que, con menos lavadas, también resulta muy responsable ecológicamente y te ahorrará dinero.

ODIO cuando la camiseta que se supone va como una ropa interior se ve, especialmente alrededor del cuello, por lo que sugiero el cuello en V. Pienso que un pecho velludo en un tipo - como el mío - es muy atractivo y sexy. Altero mis *T-shirts* de cuello en V para dejar ver más de mi pecho y así puedo abrir tres botones en mi camisa. Esta es una costumbre muy "latina". Por cierto, los latinos son, además de los latinoamericanos, también españoles, franceses, portugueses, rumanos e italianos, ya que todas nuestras lenguas provienen del Latín.

Siempre mete tu *T-shirt* en los pantalones si estás usando camisa. **¡La *T-shirt* no debe estar a la vista! Así mismo, un sujetador no se debe ver en una dama.**

Estaba viendo uno de esos programas de televisión nocturnos y Justin Timberlake apareció. Justin no es solamente bello y sexy, sino también verdaderamente talentoso y viste con clase. Llevaba una camisa oscura y podía ver su camiseta blanca, tanto en el cuello como en la parte inferior. ¡Me estaba volviendo loco! ¡Despide a ese estilista de vestuario!

¿Ese traje te luce?

"La elegancia está en ser selectivo".
-Coco Chanel

Yo digo que si vas a tener dos trajes, ten uno oscuro y otro claro. Cuando Coco Chanel, la eterna "Gran dama" de la moda francesa, falleció, todo el mundo estaba muriendo por descubrir qué maravillas había en su armario. **Para sorpresa de todos, Coco solo tenía dos trajes; Uno negro y otro blanco.** ¡Hablando de elegancia simplista! En tu caso, el oscuro podría ser negro, gris o azul marino, ¡nunca marrón!

Tengo un amigo en la industria bancaria con un puesto muy alto en la escala corporativa. Una vez me confesó que **si un candidato se presentaba a una entrevista de trabajo con un traje marrón, él no lo contrataría.** Simplemente no me atrae el negro, pero debo admitir que es muy popular. Las únicas prendas negras que tengo son un par de esmoquin y un par de pantalones de cuero. ¡Ni siquiera tengo zapatos de vestir negros!

El otro traje, el claro, podría ser *beige*, azul claro o blanco – sí, blanco, ¡para mí el más elegante de todos! Tengo muchas prendas blancas. ¡Mi armario parece que perteneciera a un enfermero! ¿Quién dijo que no puedes usar blanco fuera de verano? ¡El blanco invierno es *fantabuloso!* Cuando estoy en Nueva York en invierno, a menudo me visto todo de blanco, lo que realmente me distingue en una ciudad de "cuervos", cubiertos en negro. El único problema es cuán sucia se pone en la ciudad cualquier prenda blanca. Tal vez por eso los neoyorquinos visten tan oscuro.

Por cierto, Tom Wolfe, el gran autor estadounidense, hizo del "blanco invierno" su marca personal. Esto sucedió por accidente. Había comprado un traje blanco para llevar en el verano de 1962, pero la tela resultó ser demasiado gruesa para el calor del verano, así que lo guardó y lo usó ese invierno. Desde entonces, se ha convertido en su perpetuo atuendo y mi inspiración. Lo siento Tom, ¡el blanco se ve mucho mejor en mí, con mi eterno bronceado latino, a la "Valentino!"

Damas, la misma regla de 'cero marrón' se aplica al usar un traje de negocios. Ustedes tienen la ventaja añadida de ponerle accesorios a un traje oscuro, lo que les permite acompañar un traje aburrido con una linda joyería, una bufanda de colores o incluso ir sin blusa debajo.

Los hombres estamos mucho más limitados a una corbata y un pañuelo de bolsillo. **Siempre uso corbatines, de los que te atas, no de esos lazos perfectos pre-armados.** Una cosa maravillosa sobre estos corbatines es que, atados a mano no quedan perfectos, la gente sienten deseos de arreglarlos. Me dan proximidad con amigos e incluso extraños y ¿a quién no le gusta eso?

Chicas, no se les ocurra usar un traje "al revés", como lo hizo Céline Dion en los Oscar de 2008. ¡Se parecía a Linda Blair, de *El exorcista* de 1973, con la cabeza girando hacia atrás!

Los hombres tienen un termostato interno más alto, siempre tenemos calor, siempre nos la pasamos bajándole la temperatura al aire acondicionado, mientras que las damas siempre tienen frío. ¡He sido testigo de algunas desagradables peleas por el termostato en las oficinas! Y aquí es donde entra la ironía.

Al vestirse para salir, sea una cena, una boda o la ópera, los hombres usamos múltiples capas de ropa: camiseta, camisa, chaleco, corbata y saco. Mientras que las mujeres están prácticamente desnudas, con sus escotes profundos sin tirantes tan fabulosos y a la moda. ¡Debería ser al contrario! Los hombres con camisillas sin mangas, mientras que las damas cubiertas hasta arriba... quizás ése sea el concepto detrás (o debajo) de la burka.

¿Ridículo? ¡No!

"Me mantengo fiel a mí misma y a mi estilo, y siempre estoy esforzándome para ser consciente de ello y ser original."
-Aaliyah

Lo más importante acerca de vestirse (formal o informalmente) es cuán cómodo te sientas. Si crees que algo se ve ridículo, probablemente lo es. Cuando tengo dudas, me miro en el espejo, luego consulto a un amigo que sepa de moda o a mi esposo. ¡Sí, ya puedo decir "esposo" y no "pareja", ya que el matrimonio gay llegó para quedarse!

Como ya he dicho, soy lo que la gente común llama "excéntrico", por la forma en que visto, con mis dos zapatos *Converse* diferentes, camisas de Mola, lentes de ver *funky* y mi mano izquierda llena de anillos de plata – cuando me preguntan por esto les digo: "Solo llámame *"El Señor de los anillos "*.

Una de las ventajas de ser un director gay de cine es que puedo vestir excéntricamente sin problema. Verás, a mi buen amigo Alex Sánchez y a mí nos gusta ir juntos al cine, a exposiciones de arte y otros eventos culturales. De hecho, mucha gente nos toma por una pareja. Él, a diferencia de mí, se viste muy conservadoramente. SIEMPRE lleva una chaqueta, ¡aunque esté a 100° C afuera! Estando con él me asaltó la mente que tal vez me he convertido en mi mayor miedo: ¡una "loca vieja y ridícula!"

"El mejor amigo que una mujer puede tener es un hombre gay (y viceversa)".
-Luis Palomo

Llamé a Maureen Fannon, una buena amiga y talentosa asesora de vestuario con la que colaboro con frecuencia y le pedí su opinión. Ella me dijo lo fabulosamente único que soy y me remitió a un sitio web de "miembros de la tercera edad" excéntricos con estilo. ¡Dios, odio ese término "tercera edad"! ¿Quién está contando? Después de unos minutos en este sitio web, me di cuenta de que parecía que comprara mi ropa en *Brooks Brothers,* una famosa tienda de línea súper conservadora, en comparación con la gente madura de *Advanced Style.* ¡Compruébalo tú mismo! http:// advancedstyle.blogspot.com por Ari Seth Cohen, que también nos dio un maravilloso libro de mesa con el mismo nombre, *Advanced Style,* e incluso un documental que se puede encontrar en Netflix.

Algunas de sus musas son ahora superestrellas de la moda por su cuenta, gracias a su genio para capturar su excéntrico sentido de la moda en las calles de Nueva York para que el mundo las admire. Una de ellas, de 94 años, murió en la primera fila durante un desfile de la Semana de la Moda de Nueva York. Todo el mundo pensó: ¡Qué manera de morir con estilo!

¡Agitemos el abanico!

Voy a pedirte que me ayudes a traer de vuelta un accesorio fabuloso, respetuoso del medio ambiente y portátil: ¡El abanico! Este muy práctico, elegante y sensual accesorio, mejor conocido ahora en manos del eternamente *fantabuloso* Karl Lagerfeld y los bailarines de Flamenco españoles, es una necesidad tanto para hombres como para mujeres. ¿Sabías que hay abanicos para caballeros? Son de menor tamaño para que quepan en el bolsillo y no tienen decoración. Tengo un abanico para combinar con cada uno de mis atuendos, tal como mis anteojos.

Cuando hay un evento social al calor del verano, especialmente en desfiles de moda, exhibiciones de arte o en la Iglesia, ¿has notado cómo todo el mundo está tratando de utilizar los folletos como abanico? Yo saco el mío, y hace aquel sonido maravilloso: ¡"rrackkkk"! Todos los ojos se vuelven hacia mí con envidia. ¡Soy el tipo más popular en el lugar! Todo el mundo me quiere pedir prestado el abanico. Son completamente ecológicos – ya que no consumen energía de ningún tipo-, cómodos y portátiles. Un buen abanico, bien cuidado, durará por siempre. Y hablando de un toque de clase... ¿no te parece?

Un caballero siempre debería llevar un pañuelo. En mi caso, siempre llevo una bandana en el bolsillo. Estos grandes pañuelos de algodón se hicieron populares por los vaqueros a finales del siglo XIX. Se hicieron infames en los años 60 y 70 por las pandillas callejeras para "indicar quienes eran", como los conocidos *Bloods* y *Crips*. La cultura gay los acogió para señalar la preferencia sexual según el color y el bolsillo trasero de los vaqueros en que se llevaba: Izquierdo para activo o *top*, derecho para pasivo o *bottom*. Cada color tiene su significado, así amarillo para la "lluvia dorada", marrón para... bueno, ¡mejor dejémoslo ahí!

Los compro en paquetes de 36, en todos los colores que ofrece www.bandanas.net, uno diferente para cada combinación posible de mis atuendos. Tienen múltiples usos: Como servilleta al comer en un avión, ideal para bandas en cabeza y cuello, como una cubierta para sentarme, etc. Esto sin contar los usos obvios para un pañuelo.

Compras en línea

"Las compras en línea me dan una razón para vivir por otros 3-5 días hábiles".
-Tina Fey en Twitter

¡Comprar en línea nunca ha sido tan fácil! Ya hemos cruzado el umbral: se hacen más compras *on-line* que en tiendas físicas. Los libros electrónicos pronto se venderán más que los impresos –

probablemente estás leyendo esto en tu *tablet*, las tiendas reales están cerrando en todo el mundo civilizado. Las compras en línea son una manera muy cómoda y privada de comprar, y tiene muchas ventajas: TODAS las opciones de todo el mundo están disponibles para ti 24/7. Puedes comprar en ropa interior, puedes cubrir muchas tiendas, incluso países, mientras estás sentado en tu escritorio o acostado en tu cama con un computador portátil y Wi-Fi o incluso sentado ya sabes dónde.

Recientemente estuve de compras buscando lámparas y visité tres tiendas "reales". Cada vez que pedí un artículo específico, la persona de ventas me dijo que fuera a la página web para encontrar lo que estaba buscando... ¿puedes creerlo? ¡Sugerí que colgaran un aviso en la puerta con la dirección del sitio web, cerraran la tienda y así ahorraran en gastos!

Yo siempre compro en línea los equipos de cine y fotografía en B&H, ¡esos maravillosos neoyorquinos con los mejores precios del planeta! http://www.bhphotovideo.com. También hago compras de muebles, electrónicos, e incluso los remedios exóticos. En cuanto a la ropa, de nuevo, si tienes una marca, o diseñador que te guste y estés decidido, es una manera perfecta de hacer compras - ¡pero asegúrate de saber tu talla "real", no la que te gustaría ser! Especialmente, si compras directo de China. ¿¡Pueden creer que yo soy XXL en talla china?!

Sé que soy talla 30 de cintura y 31 de longitud en Levi's 505s, y en Converse de bota alta, que son los únicos que uso, calzo 43 o 10 americano. El "M", medium me queda perfecto en la mayoría de marcas, desde Versace a Jérôme LaMaar, así que no tengo problema comprando estos artículos en línea. Pero en lo demás, **me encanta y prefiero probar mi ropa y zapatos, especialmente zapatos de vestir, antes de comprarlos.**

Afrontémoslo, ¿no es ya difícil tomar una decisión, aún probándose las prendas? Claro, casi siempre puedes devolver todo, pero ¿no arruina eso el propósito, que es no salir de la casa? Muchas prendas compradas en línea nunca son devueltas ni se usan; ¡se quedan a vivir para siempre en la deuda de las tarjetas de crédito!

Así que mi consejo es el de honrar aquella tradición de ir de compras, hacer una lista de lo que necesitas y estás planeando comprar, tal como ir al supermercado. **Haz de las compras un evento social, ve con amigos, almuerza, y termina con un *Happy Hour*.** Hay grandiosos restaurantes y bares en cada centro comercial de la mayoría de las ciudades alrededor del mundo.

Pero recuerda, ir de compras no sustituye a una cena casera, un viaje a la playa o una cita romántica. La sociedad moderna ya pasa demasiado tiempo y dinero haciendo compras. Hagas lo que hagas, ¡por favor no te vayas de *Black Friday*, ahora que las tiendas están abiertas el jueves de "Acción de Gracias" en los Estados Unidos! Es una forma segura de arruinar una de las mejores fechas del año. No es ningún secreto que en realidad puedes obtener mejores ofertas después y, si son gangas lo que buscas, conviene esperar a las ventas después de Navidad.

¡No hagas compras hasta desmayar! Esa es la manera más ridícula de terminar lo que podría haber sido una experiencia maravillosa. Recuerda el lema de Suze Orman; "La gente primero, luego el dinero, luego las cosas", y "cosas" también significa ropa, zapatos y accesorios. Ella debe ser la mejor y más elegante "lesbiana femenina" de la televisión. Te amo... ¡eres genial, Zuse! http://www.suzeorman.com

"Consejos de moda" de Luis:

Muñecas, (no estoy siendo sexista... es un homenaje a la película de 1955 *Guys and Dolls*):

★ **No uses ropa demasiado apretada,** incluso si piensas que se ve bien, ¡te verás más gorda! Lo llamo "El efecto salchicha".
★ No me importa cuán hermosos sean esos zapatos, **si no puedes caminar con gracia con ellos, ¡ahórrate el dinero!** Recuerda lo que dijo Oscar de la Renta: *Camina como si tuvieras tres hombres caminando detrás de ti.* ¡Así camino yo!

★ ¡Sí, puedes usar ropa blanca **aunque no sea verano!** Y no, usar blanco no te hará lucir gorda, a menos que uses un abrigo blanco y voluminoso. ¡Entonces realmente parecerás un refrigerador!

★ Un **"pequeño vestido negro" es obligatorio**, pero no seas una "viuda en duelo". El color es un accesorio maravilloso.

★ **Ten cuidado al usar amarillo.** ¿Por qué las señales de tráfico y los autobuses escolares son amarillos? Este color tiene la longitud de onda más corta, lo que significa que instintivamente lo vemos primero. Hay un dicho; *"La que de amarillo viste en su belleza confía".*

★ Cuando estés en plan de negocios, deshazte de la mini falda, ¡y no me refiero a quitártela en la sala de juntas! **La longitud correcta para una falda de negocios es justo por encima de la rodilla.**

★ *¿No te has enterado? ¡Las trigueñas ganaron a las rubias! ¡El rubio teñido es tan de los 2000! Además,* el *"la cortina no hacen juego con la alfombra".* **Incluso, la rubia natural Sofía Vergara se hizo peli-oscura para el programa *Modern Family*** y ahora ¡es la mujer mejor pagada de la televisión!

★ La joyería gruesa viene y va, **pero lo clásico y simple como diamantes y perlas siempre están de moda.** ¡La joyería voluminosa y pesada puede ser letal! Chica pequeña, mantente alejada de los accesorios gruesos y, si te atreves a usar alguno, no te acerques a agua profundas... ¡te vas a hundir y ahogarte antes que alguien se dé cuenta! Cuando Jackie O era la *socialité* más admirada e imitada de Nueva York, asistió a un evento en el que todas las damas estaban cubiertas de diamantes, algunas incluso tenían tiaras en las cabezas. Esto fue a finales de los años sesenta. Jackie entró vestida con un vestido sencillo y su perfume, ni una pizca de joyas. ¡Hablando de menos es más, y saber cómo hacer una entrada!

★ Aunque odio el afeitado del cuerpo para los hombres, es una necesidad para las mujeres. Piernas y axilas; **por favor, ¡no a la europea, con axilas peludas! Las piernas peludas son aún peores.** estoy obsesionado por la imagen de una maestra de 3er grado que no se afeitaba las piernas y usaba pantimedias. Creo que tenía una especie de "promesa religiosa". Sus piernas parecían gusanos en una bolsa de plástico... ¡asqueroso!

★ ¿Qué pasa con las tallas ahora? ¿Doble 0? ¿Sabías que la mujer promedio en Norteamérica es talla 14? Eso es «promedio», lo que significa que desde allí para arriba. Diseñadores y fabricantes han estado «encogiendo» las tallas para que las mujeres se sientan mejor, ¡volviendo al 14 un 12 o incluso un 10! ¡Así es como terminamos con 00!

★ Chicas, **no puedo poner suficiente énfasis en las ventajas de comprar ropa *vintage***. Recuerda, todo puede ser modificado. Si encuentras un vestido largo o traje de los 70 que tienes que comprar, pero quieres modernizarlo, ¡modifícalo! Seguirá siendo mucho más barato y único que una prenda nueva. Siempre pruébatelo, ¡no te fíes por las tallas, ya que hemos hablado de lo mucho que han cambiado!

Papacitos:

★ Si puedes ver tus medias mientras caminas, **tus pantalones están demasiado cortos.**

★ **Siempre lleva un pañuelo**, te sorprenderás de cuántos usos tiene.

★ Los puños de tu abrigo deben mostrar ½ pulgada o 1.25 cm. de los de la camisa.

★ El puño de la camisa debe cubrir solamente los huesos de la muñeca.

★ La longitud del abrigo debe llegar al nudillo del pulgar.

★ ¡Por favor, chico, abrocha tu abrigo! Puedes dejar el botón inferior abierto. Puedes soltarlos todos y relajarte solo cuando te sientes. En la vuelta del siglo XX, el rey Eduardo VII de Inglaterra era demasiado gordo para cerrar todos sus botones, comenzando así la tendencia de dejar unos sueltos.

★ **Cuando lleves un corbatín, escoge el que debe ser atado a mano**, lo sé, piensas que es demasiado difícil, pero en realidad es como atar los cordones al revés.

★ ¡Nunca uses un traje marrón!

★ Me gusta usar gel fijador y peinar mi cabello hacia atrás cuando voy **formal, eso significa usar un esmoquin o tuxedo.** Ese aspecto de "gánster italiano" está muy de moda y es el único momento en que mi cabello gris, en su mayoría blanco, se ve más oscuro.

★ **Realmente piénsalo dos veces antes de teñir tu cabello gris,** y menos tu vello facial, ¡simplemente no funciona! No estás engañando a nadie.

★ ¿Podría alguien haber predicho que **los hombres heterosexuales** usarían aretes de diamantes, se afeitarían las piernas, se depilarían las cejas y se harían mechones rubios, mientras que los gays van al gimnasio?

★ ¿Qué pasa con esa manía de afeitarse el cuerpo? Culpo a Calvin Klein y a esos modelos de ropa interior arios y sin vello, ¡pero eso fue en 1983 y esos chicos nórdicos no tenían vello corporal para empezar! Al igual que en el mundo animal, el macho es siempre más bello y está más ornamentado. Basta con mirar al pavo real y la mayoría de pájaros y peces. El vello corporal es el adorno del hombre, ¡afeitarlo en nombre de la moda, o peor, de la higiene, es una abominación! Vive con el vello que Dios te dio. Además, afeitarse el vello corporal y en especial el púbico puede ser muy peligroso. He conocido, entre mis amigos que se afeitan, varios casos de vellos "encajados". Los vellos púbicos al ser más enroscados que el resto tienden a encajarse con facilidad. Pueden resultar en horrible tumores que requieren una penosa y dolorosa visita al medico. **Si no te gusta tu vello corporal usa una maquina para rebajarlos, ¡nunca una cuchilla!**

★ **Los hombres reales se hacen manicures y pedicures.** Después de tus ojos, la gente mira tus manos; bueno, ¡a veces voy derecho a la entrepierna!

★ Si tienes unos cuantos kilos de más – y puede ser tan poco como dos-, NUNCA uses ropa demasiado apretada, ¡sólo te hará parecer más gordo!

"Sólo hay una cosa en la vida peor que ser tema de chisme, y es no serlo".
-Oscar Wilde

Así que, a menos que seas muy tímido y modesto – y "modestia" es una virtud y lo contrario a "orgullo", un pecado capital -, no tengas miedo de llamar la atención hacia ti mismo. La frase más hermosa de la Declaración de Independencia de los Estados Unidos – y mi favorita – es: *"la Libertad y la búsqueda de la Felicidad".* ¡Persigue tu propia felicidad!

¡Recuerda siempre!

★ No sigas la moda; Interprétala a tu manera.
★ "Compra" en tu propio armario primero.
★ Si no has usado algo durante un año, nunca lo harás, ¡dónalo!
★ Haz compras en tiendas de segunda mano por razones de elegancia, ambientales y económicas.
★ Confía en tu sentido del tacto y el olfato.
★ Haz tu propia ropa más personal modificándola.
★ Compra en boutiques pequeñas en lugar de grandes cadenas de tiendas.
★ Aprovecha la variedad y las gangas cuando viajes.
★ Haz de las compras un evento social con amigos y familiares.
★ Conoce qué diseñador o marca y tamaño estás comprando en línea.
★ Usa una camiseta interior, pero no dejes que nadie la vea.
★ Siempre usa telas naturales; Algodón, hilo, seda, cachemira, ¡NUNCA poliéster!
★ Mantén una colección pequeña y práctica en tu armario.
★ Usa ropa que se adapte a ti, sea apropiada a tu edad y, lo más importante, te haga sentir bien y cómodo.
★ Desarrolla un estilo propio.

¡Sé el rey de tu propio estilo y no dejes que la moda te gobierne! Para citar otra vez a mi autor gay favorito y mi lema para el vestir:

"Moda es lo que uno usa en sí mismo.
Lo que no puede ser moda es lo que usan los demás".
-Oscar Wilde

Capítulo
CUATRO

Qué ponerte en tus ojos

*"No digas que el mundo está sucio solo
porque olvidaste limpiar tus lentes"*
-Aaron Hill

He decidido dedicar un capítulo entero a este tan importante y, en mi caso y de muchos de ustedes, de absoluta necesidad: los anteojos, gafas, lentes o espejuelos. A partir de ahora, me referiré a ellos como lentes.

Para cuando cumplamos 40 años, los necesitaremos, con un aumento de dioptrías de +100, +150, +200, etc. cada 5 años. ¿Te ha pasado esto a los 40? Si no, ¡probablemente te pasará!

Me pasó a mí que siempre me jacté de mi visión 20/20 y lo mucho que me ayudó en mi carrera como director/cinematógrafo. Gracias a mi madre, he sido un ávido lector desde mi niñez. ¡Incluso leería la caja de cereales si fuera el único material impreso disponible! Así que siempre tengo al menos un libro y revistas seleccionadas, comenzando con mi Biblia, ¡*Vanity Fair*!, junto a mi cama.

Alrededor de los cuarenta, noté que no estaba terminando mis libros o estaba tomando demasiado tiempo para leerlos. Mi optometrista me diagnosticó "vista cansada" y me recetó lentes de lectura con poco aumento. Bueno, cada cinco años, más o menos, tenía que aumentar la ampliación, tal como la fórmula predijo.

Lentes de contacto vs. lentes con armaduras

Yo solía usar lentes de contacto multifocales, ¡que debo admitir que eran *fantabulosos*! A diferencia de los lentes bifocales, donde solo la mitad inferior tiene el aumento para la lectura, los de contacto son como un "tiro al blanco", con círculos concéntricos alternándose de cerca y lejos, ¿brillante, cierto? Con estos multifocales podía conducir, leer un menú o firmar un cheque, pero si iba a leer o trabajar en la computadora por más de unos minutos, necesitaba refuerzos.

Así que conseguí lentes de lectura, esos lindos y pequeños que se pueden usar en la punta de la nariz, pero por favor, no los uses de esa manera, ¡le pueden añadir una década a tu edad! Tuve una enorme colección de lentes de lectura muy de moda. Tenía un par en todas partes: En mis automóviles, en mi escritorio, junto a mi cama, incluso en el baño. Compré muchos en mis viajes, agregando más a mi colección.

Las tiendas de museos son un gran lugar para encontrar lentes de lectura de buena calidad y exótico diseño. La calidad óptica de las gafas es muy importante. Si lees mucho o trabajas en la computadora, deben ser prescritos y hechos por un optometrista, como yo hago.

Si eres usuario de lentes de contacto, sigue las instrucciones sobre cuánto tiempo puedes tenerlos puestos. Ahora hay marcas que te permiten usar los lentes de contacto durante un mes entero. Incluso así, sugiero te los quites y descanses los ojos por la noche una vez por semana. Una vez, me dejé los míos demasiado tiempo y terminé con una seria infección en mi retina. Por favor, ¡no cometas el mismo error! Límpialos con la solución recomendada y guárdalos correctamente.

A veces, en ocasiones especiales para que coincidieran con mi atuendo, usaba lentes de contacto de colores diferentes a mis ojos. Siempre quise tener ojos azules, ¡por qué no! Debo admitir que el color miel me va mejor. Mi padre los tenía así, ¿por qué terminé con ojos marrones, color "cucaracha"? Así que a veces, para variar, me atrevía a probar diferentes colores de ojos; también se puede tener lentes de color con prescripción. ¡Pero esta diversión se acabó para mi!

Cuando TIENES que usar lentes

"Para mí, los lentes van mucho más allá de una prescripción. Son como maquillaje. Son el accesorio más increíble. La forma de un marco o el color de los lentes puede cambiar toda tu apariencia".
-Vera Wang

Después de algunos maravillosos y felices años de llevar lentes de contacto, lo que también me permitió lucir divinas gafas de sol de diseñador, empecé a ver doble, especialmente en la noche o en situaciones de poca luz, ¡la mediana edad es un asco! A medida que me acercaba a una intersección, veía dos luces rojas o veía dos ministros en la iglesia.

Así que ahora mi prescripción requiere que tenga "prismas" para corregir la visión doble así como multifocal "progresivo" (cuando la línea que separa la ampliación cercana y lejana es gradual y, por lo tanto, invisible). También tengo todos mis lentes con *Transition* y anti-destellos. Los lentes de transición modernos pasan de la oscuridad a la luz muy rápidamente, lo que me ahorra llevar un par de gafas de sol adicionales, pues es probable que las pierda si no las llevo puestas.

El hecho es que necesitaba usar lentes todo el tiempo, ¡para el resto de mi vida! Como me he decidido a encontrar siempre el lado positivo en cada desafío y cada crisis, **tomé la decisión de que haría que los lentes formaran parte de mi estilo,** al igual que mis desiguales Converse de bota alta. Tengo más de una docena de lentes, para que coincidan con todos mis atuendos.

Mi tienda de gafas favorita es *See* http://www.seeeyewear.com en Lincoln Road, South Miami Beach - SoBe para los conocedores (¡ahora eres uno de nosotros!). También están en la mayoría de las principales ciudades estadounidenses. Conocí esta exquisita tienda por mi ex, el *fantabuloso* artista maquillador o, como se le llama ahora, "Diseñador de rostro", Antonio Costa.

Cuando fuimos por primera vez a la tienda, hice lo que siempre hago primero, ir directo al estante con el 50% de descuento. Encontré el par más *fantabuloso* e inusual que allí había. La muchacha de ventas, muy formal, me dijo: "quizás ésos son demasiado alocados para usted, nadie los ha comprado, tienen rebaja del 75%". Antonio señaló mis pies y, después de ver mis zapatos desemparejados, ¡ella estuvo de acuerdo con que eran perfectos! Los lentes son asimétricos en blanco y negro y, sin duda, mi par favorito y por los que recibo más cumplidos.

Para mí, comprar lentes en línea es peor que comprar zapatos... ¡Debo ver cómo quedan las gafas en mi rostro! Pruebo al menos una docena antes de decidirme sobre unas. Hasta que descubrí *Warby Parker*, una fabulosa compañía norteamericana que vende gafas de sol y de prescripción en línea. Debido a que Warby Parker vende en línea, y tiene un número muy limitado de tiendas en los Estados Unidos, no solo ofrecen marcos de moda, sino también a buenos precios. Una de mis tiendas favoritas está en el elegante distrito de Wynwood, en Miami. Al igual que muchas otras empresas en el área de la moda, son extremadamente conscientes socialmente. Por cada par de gafas que venden, regalan un par a alguien que lo necesita. La empresa también es ecológicamente responsable y cuenta con una neutralidad de carbono del 100%. Impresionante, ¿no?

Ellos te envían una caja con cinco pares que habías escogido para que te los pruebes en casa. Devuelves los que no te gusten en la misma caja sin pagar el envío. ¿No es eso *fantabuloso*?

Te exhorto encarecidamente a investigar las empresas a las que compras, y asegurarte de que son empresas social y ambientalmente responsables. Si más compañías en el mundo fueran así, ¡viviríamos en una sociedad verdaderamente maravillosa!

Las buenas tiendas de segunda mano y ferias de antigüedades son excelentes para encontrar *fantabulosos* marcos o armaduras clásicas *vintage* que puedes llevar a tu optometrista para ponerles las lentes de tu prescripción. Lo mismo con las gafas de sol, que a menudo tienen diseños más atrevidos.

Pero ¿de qué sirve un buen par de lentes si están sucios? Mi mamá solía limpiar los míos cada vez que iba a verla, que era casi todos los días que estaba en Miami. Nunca olvido limpiarlos. Mi brocha de afeitar, con su blando pelo de tejón, es ideal, pero un paño húmedo suave con un poco de jabón basta.

¡No utilices detergente para lavar vajillas, ni productos de limpieza de vidrios! Puedes comprar sprays y paños especiales en las tiendas de las ópticas, pero afrontémoslo, en este mundo loco necesitamos alternativas, ¡al menos yo sí! Lavo las gafas con un jabón suave y uso la secadora de cabello para secarlas con aire frío y luego termino el trabajo con una vieja camiseta de algodón suave que reutilizo para este propósito. Las servilletas de papel y los pañuelos desechables pueden rayar los lentes.

Recomiendo con "R" mayúscula los marcos plásticos duros sobre los de alambre y/o metal; son prácticamente indestructibles. Me quedo dormido con ellos y doy vueltas toda la noche, y a veces los encuentro intactos en el piso junto a mi cama - ¡intenta hacer lo mismo con marcos de alambre! Si los plásticos llegasen a romperse, como le sucedió a uno de los míos recientemente, un poco de *Kola Loka* o *Super Glue* lo arregla. Asegúrate de utilizarla en gel, ya que es más fácil de aplicar.

Siempre ten varios pares de lentes a la mano. Si eres como yo y totalmente las necesitas para ver, es vital tener un par siempre disponible. Lleva una copia de tu prescripción más reciente en la billetera y no olvides tomar una foto de ella para mantenerla en tu *Smartphone* y agenda. Si por alguna razón pierdes o rompes tus lentes durante un viaje y no tienes más, puedes pedir que te hagan una nuevas. La regla es, después de cumplir los 40 años, hacerte un examen de ojos cada dos años; si no lo haces, ¡tus ojos te harán saber que es hora!

Una solución rápida, en caso de una emergencia para leer o usar la computadora, son los siempre confiables lentes de lectura temporales. Sí, puedes conseguirlos en una farmacia, pero los mejores los consigues en librerías. ¡Esto es solo una solución temporal! **Solo tenemos un par de ojos y, créeme, la visión es el sentido más importante, así que ¡POR FAVOR cuídalos!** ¡Siempre usa lentes prescritos! Anímate y gasta dinero adicional en la protección UV, anti-destellos, anti-rasguños y progresivos, ¡vale la pena! Y hace que el uso de lentes sea aún más agradable.

Así que regocíjense compañeros "cuatro ojos", ahora podemos ser íconos de moda y agradecer a nuestras lentes y gafas por ello. ¡Recuerden a Elton John y Lady Gaga!

"Soy muy miope, y si no me gusta una situación me quito las gafas".
-Jenny Eclair

¡Recuerda siempre!

★ Después de cumplir los 40, probablemente necesitarás lentes.
★ Una vez suceda, hazte revisar la vista cada dos años.
★ ¡Los lentes de contacto son geniales! Aún mejor multifocales y recuerda que puedes tenerlos en cualquier color que anheles.
★ ¡Por favor! Quítate los lentes de contacto con frecuencia, límpialos y guárdalos correctamente. Evita las infecciones.

★ Las tiendas de museos y las librerías son excelentes lugares para encontrar lentes de lectura temporales.

★ Siempre usa lentes de prescripción y hechos profesionalmente.

★ Haz de tus lentes parte de tu estilo personal.

★ Aprovecha toda la tecnología disponible: Anti-reflejos, anti-rayados, progresivos, de transición, etc.

★ *See* y *Warby Parker* son dos grandes almacenes de marcos *fantabulosos*. http://www.seeeyewear.com, https://www.warbyparker.com

★ Marcos de plástico mejor que alambre, ¡siempre!

★ Limpia tus lentes con cuidado cada día con la solución adecuada o un jabón suave y agua. Usa tu secador en frío y un paño suave para secarlos, ¡nunca uses pañuelos desechables de papel!

★ ¡Haz una declaración de moda personal con tus lentes!

"El alma puede hablar con los ojos, también puede besar con la mirada"
-Gustavo Adolfo Bécquer

Capítulo
CINCO

DGC

Viajar

"Nunca viajo sin mi diario.
Uno siempre debe tener algo
genial para leer en el tren".
-Oscar Wilde

Durante mi carrera de director, he tenido la oportunidad de dirigir anuncios de televisión de gran presupuesto. Mis clientes siempre querían ir a filmar a algún lugar fabuloso. Miami fue un buen destino para clientes de América Latina, Nueva York y Chicago, especialmente en invierno. Muchas veces viajamos fuera de los Estados Unidos. Primero México se puso de moda, luego Argentina, Uruguay, Praga en la República Checa e incluso Bulgaria. Para mi deleite, disfruté de España unos buenos años. Otro destino popular para filmar era Johannesburgo en Sudáfrica. Allí se habla inglés y el clima y la gente son magníficos, además de tener una gran infraestructura fílmica.

¡Vuela seguro, duerme bien!

"El viaje en avión es la forma de la naturaleza de hacerte ver como en tu foto de pasaporte".
-Al Gore

He aprendido algunas lecciones muy prácticas en mis múltiples viajes. La mayoría de las veces, mi personal de producción maneja todos los arreglos de reservas y viajes. Ya sea que viajes por negocios o placer, **te recomiendo que uses un agente de viajes.**

Hay muchos sitios web de viajes que prometen vuelos y hoteles baratos. Por experiencia te digo que cumplen la mayoría de las veces, pero no siempre. Encuentra un agente de viajes profesional en cada ciudad en la que vivas o viajes a menudo. Desarrolla una buena relación con ellos, ya que pueden y van (o no) a salvar tu vida. Los grandes sitios web no pueden darte el servicio personalizado que sí puede ofrecerte un agente de viajes como mi "ángel guardián de viajes" y agente, Analisa González, de *Fantasy Travels* en Panamá.

Otra hazaña que mi agente de confianza hace por mí es asegurarse de que mi número de viajero frecuente esté en todas mis reservas, y no solo en aerolíneas, también en hoteles y alquiler de coches. Ella también me consigue mejoras, vuelos y estadías de hotel gratis. No sé a ti, pero me parece una tarea muy compleja, ¡y estoy muy agradecido de que ella se encargue de todo!

Una vez quedé atrapado en un aeropuerto durante un muy ocupado día con un tiquete electrónico de uno de esos aclamados sitio web de viajes con una clasificación de cinco estrellas. La aerolínea no tenía registro de mi reserva y no había asientos en el avión. Sin nadie a quien llamar o hablar y con un empleado muy impaciente en el mostrador de la aerolínea, perdí mi vuelo y tuve que tomar tres costosos vuelos de conexión, en lugar del vuelo directo que había reservado y pagado. Me tomó todo el día llegar a una reunión que no podía perderme al día siguiente. ¡Nunca más! Hay algunos buenos sitios web por ahí, pero solo los utilizo como referencia.

Un agente de viajes es indispensable si viajas como yo, siempre a última hora y cambiando las fechas y horarios de salida, usando millas para promociones o boletos, tienen métodos para colocarte en un avión lleno o para encontrarte ese asiento especial que ningún sitio web puede. A pesar de que las aerolíneas están animando a los viajeros a reservar directamente con ellos, obtengo mejores resultados y más baratos con mis agentes de confianza.

Otra razón para usar un agente de viajes es tener la seguridad de cumplir con los requisitos y leyes del lugar de destino. Los agentes saben para qué país necesitas una visa o cualquier otro requisito, como vacunas. Un sitio web no te lo comunicará, o si lo hace la información estará en un botón que la mayoría de la gente no ve.

Los sitios web de viajes son ideales para revisar "comentarios" de los viajeros, especialmente para hoteles y spas. Esta es una fuente de información en la que puedes confiar. Lee varias críticas, ya que alguien podría haber tenido una mala experiencia aislada.

Tengo un amigo ciudadano estadounidense que iba a China. Son pocos los países que requieren visas a los ciudadanos estadounidenses, así que supuso que no necesitaba una para ir allá, y compró su boleto en línea. Al llegar al aeropuerto se enteró de que necesitaba una visa para entrar a China. Perdió dos días de valiosas reuniones de negocios que había organizado, además de la vergüenza ante sus asociados en China. Si hubiera utilizado un agente de viajes, habría sido informado de este requisito antes, el agente habría obtenido la visa y él habría cumplido sus planes de viaje y de negocios.

Recientemente, nuestro vuelo de Barbados a Miami se retrasó varias horas, lo que significaba que íbamos a perder nuestra conexión transatlántica a Viena, Austria, para un crucero europeo muy esperado. Hice una llamada a mi 'ángel guardián de viajes' y, en menos de una hora, teníamos una ruta completamente diferente que nos llevó a Viena a tiempo para nuestro crucero. Todo esto sin cargo extra y sin tener que gritarle a alguien. Ayudó que nuestros tiquetes eran de primera clase.

"El mundo es un libro y aquellos que no viajan solo leen la primera página"
-Agustín de Hipona

Siempre llevo tenis Converse de bota alta de colores distintos, de esos que tardan mucho en amarrar, son mi "trademark". Solamente al viajar es que cambio mis Converse por mocasines, que me quito y pongo fácilmente en los puntos de *check-in* de los aeropuertos. Te sugiero que nunca viajes con zapatos de cordones.

Una vez llegué a Nueva York y tomé un taxi directamente desde el aeropuerto hasta mi reunión y me dejé mis 'mocasines de viaje'. ¡Todos se sorprendieron al verme usando zapatos de un mismo color! Mis Converse disparejos son definitivamente uno de mis sellos personales, por lo que ahora llevo un par de Converse de dos colores en mi equipaje de mano, y me los pongo en el taxi si voy desde el aeropuerto directamente a una reunión.

"Si la temperatura es menor que mi edad, no salgo de la cama"
-Ellen DeGeneres

Los aeropuertos, y especialmente los aviones, tienden a ser muy fríos, a veces helados. Vístete para ello, sugiero pantalones largos y chaqueta tanto para damas como caballeros. Querida, estarás mucho más cómoda vistiendo pantalones en lugar de falda, aunque a mi buena amiga María Botta le gusta llevar un vestido largo que ella pueda complementar con una linda bufanda después del aterrizaje. Y, por favor... ¡no viajes usando ropa de ejercicio! ¡Estás volando, no corriendo a tu destino! Los calcetines son imprescindibles, no solo para mantener los pies calientes, ¡y tampoco chanclas! Guárdalas para la playa. Como se nos pide (¡obliga!) quitarnos los zapatos, créeme, ¡no querrás pasar por la aduana descalzo!

Siempre me visto bien, al menos con una elegante chaqueta deportiva, y todos me tratan mejor, con más respeto. ¡Una vez, incluso me ascendieron a primera clase sin siquiera pedirlo! Estoy seguro de que tenía mucho que ver con cómo estaba vestido. Evita los accesorios que van a demorarte en la máquina de rayos X, como el exceso de joyas. Viste simple, pero con estilo. Esta es una de las ocasiones en que "menos es más".

Recomiendo llevar un pequeño regalo para las azafatas. Podría ser unas mentas o ricos chocolates, mi favorito es el Ferrero Rocher, con su elegante paquete dorado de tres que se puede comprar en cualquier lugar. ¡Te sorprenderás de lo bien que serás tratado! Esto también cuenta como un 'actos espontáneos de bondad', de esos que recomiendan los gurús.

Si viajas en clase turista, y algunas veces hay que hacerlo, he aquí una manera de conseguir uno de esos fabulosos asientos de la fila de emergencia con espacio adicional para las piernas. Solicítalo en el mostrador al llegar -una buena razón para llegar temprano- y, por razones obvias de seguridad, debes estar dispuesto y capaz de cumplir con los requisitos de seguridad de abrir la puerta y ayudar con la evacuación. Si ya estás sentado, y uno de esos asientos está vacío, muévete rápidamente y agarra uno tan pronto se cierre la puerta del avión.

Una vez yo estaba sentado en uno de dichos asientos ¡y al lado se sentó un tipo con el olor corporal más horrible y rancio! El vuelo estaba lleno, así que llamé al asistente de vuelo y le dije que NO estaba dispuesto a abrir la puerta en caso de una emergencia. Me explicó, con pánico en su rostro mientras olía a dicho pasajero, que el avión estaba lleno y no tenía otro asiento para cambiarme. Seguí explicándole -y era algo que él sabía muy bien-, que, si me negaba a cumplir con los procedimientos de seguridad, ¡tenía que cambiarme! Mientras tanto, un par de filas atrás, otro pasajero se percató de la situación y felizmente se ofreció a cambiar. ¡Debiste ver la expresión en su rostro cuando me miró, después de oler a su compañero! ¡Demasiado tarde, amigo!

¡El olor corporal de otra persona se te puede pegar! En Nueva York hay muchos taxistas que huelen a muerto. Si entro en uno de esos taxis, ¡entro por una puerta y salgo por la otra! Por favor, haz lo mismo, o te arriesgas a convertirte en una 'bomba fétida'.

Un hotel es tu hogar temporal... ¡Disfrútalo como tal!

"Ese momento en el que entras a tu habitación de hotel y sabes que ahí hay un secreto, un lujo, una fantasía"
-Diane Von Furstenberg

Lo que se aplica a la reserva de vuelos también se aplica a los hoteles. Los sitios web de ofertas de viajes son el último lugar en el que deseas reservar tu alojamiento porque corres el riesgo de que el hotel esté sobrevendido y quedes fuera o recibir la peor y más pequeña habitación del lugar. ¡Ha pasado! Es mucho mejor reservar con tu agente de viajes o directamente con el hotel. Ya que no usaste una web de ofertas, pide una cortesía para una mejor habitación, *upgrade* al registrarte, probablemente la consigas. Esta es otra ocasión en la que vestir bien puede hacer una diferencia en cómo eres tratado.

Como ecologista, te recomiendo encarecidamente que te alojes en hoteles ecológicamente responsables. Pregúntale a tu agente de viajes, ya que esta es una tendencia creciente. Si estás tratando de acumular puntos, y deberías, grandes cadenas hoteleras como Marriott, Radisson e Intercontinental tienen alternativas "verdes". Estos hoteles aportarán a tus programas de viajero frecuente.

"Propina" no es una ciudad en Italia

Siempre doy propina al *concierge* del hotel poco después de registrarme. Dependiendo del hotel y la duración de mi estadía, suelo dar entre diez y quince dólares. Incluye una tarjeta de presentación con tu propina, de esta manera sabrán tu nombre. Además, una buena propina es la mejor manera de conseguir que alguien te recuerde. Esta persona hará pequeños milagros por ti: Desde conseguir boletos agotados para un espectáculo de Broadway, hasta un médico en medio de la noche. ¡Haz de él o ella tu aliado!

¿Alguna vez has olvidado el cable del cargador para tu teléfono celular? ¡Yo sí! Y así muchos viajeros, que también los dejan enchufados en las habitaciones de hotel. Por lo general, el *concierge*, o incluso en la recepción pueden proporcionarte un cargador para cualquier teléfono.

Ahora, respecto a las camareras de hotel: Casi nunca las vemos, tal vez tropecemos con ellas y sus carritos de gran tamaño en los pasillos. Siempre les doy media propina por adelantado, entre tres y cinco dólares al día. A menudo, estas damas trabajadoras solo ganan el salario mínimo y tienen que trabajar muy rápidamente para cumplir con sus enormes cuotas diarias de trabajo.

Como dirían nuestras madres: "Sé ordenado, ¡no tires!". En mi familia éramos siete hermanos, así que la disciplina y el orden eran esenciales en nuestra casa. No le dejes un caos a la camarera, considéralo otro 'acto aleatorio de amabilidad'. Además, así como tu hogar, **tu cuarto de hotel debe estar aseado y ordenado. "Habitación desordenada, mente desordenada".**

En tu primer día, deja una nota para la camarera (preferiblemente en su lengua materna, ¡porque no todo el mundo habla cuatro idiomas como yo!), junto con la mitad de la propina y hazle saber que la otra mitad vendrá al final de tu estadía. Dibuja una carita feliz en la nota que, al igual que el dinero, ¡se entiende en cualquier idioma!

Si no te alojas en un hotel "verde", pídele que NO cambie tus sábanas y toallas cada noche y dile que le harás saber cuándo te gustaría que las cambie, dejándolas en la bañera. Esta es una práctica estándar en hoteles ambientalmente conscientes. Todos ganan, especialmente el planeta. La camarera tardará menos tiempo y el hotel ahorrará agua, detergente y electricidad al no lavar estos artículos. Total, en casa solo cambio mis toallas y ropa de cama una vez por semana.

Meditar

"El florecimiento del amor es la meditación"
-Jiddu Krishnamurti

Cada mañana, medito durante diez a quince minutos y luego rezo por el mismo período de tiempo. *"Cuando oramos, hablamos con Dios; cuando meditamos, escuchamos a Dios."* **¡Recomiendo esta práctica!** Las habitaciones de hotel son ideales para practicar la meditación. Son cómodas, tranquilas y se pueden oscurecer con las cortinas gruesas, creando así un santuario perfecto para la meditación. Por lo general, no recibes llamadas telefónicas. Aún así, pídele a la operadora que no te las pase. Además, siempre apago mi teléfono celular. Si tienes compañía en tu habitación, una sala de reuniones solitaria o incluso las escaleras son lugares donde nadie te molestará. Puedes utilizar tu *Smartphone* y auriculares para un aislamiento completo y disfrutar de la música para la meditación.

Te aseguro que meditar es una gran inversión de tiempo. Entre más ocupado sea tu día, más importante es tu tiempo de tranquilidad para la búsqueda de paz interna, la oración o simplemente disfrutar el momento. Como decía San Francisco de Sales: *"Media hora de meditación cada día es esencial, excepto cuando estás ocupado; entonces, una hora entera es necesaria"* Si solo puedes hacer diez minutos, incluso cinco, es mejor que nada, *"la mala meditación no existe"*. **Puedes conseguir una amplia variedad de música para meditación en YouTube**, es gratis y te ayudará a conectar tus pensamientos. Este consejo va en especial para los occidentales que no están acostumbrados al silencio. Ahora hay una tendencia maravillosa: "Meditaciones de un minuto", cinco veces al día, especialmente útiles en nuestra ocupada vida moderna.

Lleva a casa las cortesías

¿Sabes todas esas pequeñas "cortesías" que te dan en tu habitación de hotel? En realidad no son gratuitas, ya vienen incluidas en el precio diario de la habitación. Durante las producciones cinematográficas, las estancias suelen ser muy prolongadas así que durante la estadía.me gusta designar una gaveta o cajón y guardar diariamente todos los artículos de aseo adicionales. Los hoteles de lujo incluso proporcionan cepillos y pasta de dientes, implementos de afeitar y otros. Todos proporcionan jabón, champú, acondicionador, baño de burbujas, etc.

Al terminar mi estancia, tengo un gran botín, que me llevo a casa para los dormitorios y baños de huéspedes, el apartamento de playa y la casa de campo. También a menudo se los doy a los choferes o taxistas. En los países subdesarrollados, y especialmente en Cuba, estos objetos son muy apreciados. ¡No los deseches!

Que no te timen en el mini bar

Llámame tacaño, pero odio pagar diez dólares por una pequeña botella de cualquier licor del minibar del hotel. **En cambio, voy a una tienda local de licores y consigo una botella, un cuarto o una pinta -dependiendo de la duración de mi estadía- de lo que estemos tomando. En mi caso, un buen ron añejo y mezcladores.** Siempre hay hielo disponible en cualquier hotel.

El lujo y la comodidad del hogar a bajo costo

Llevo conmigo fotos en marcos de cuero y plástico sin cristal hechos para viajar, de aquellos a quienes llevo en mi corazón, incluyendo mis gatos, y los exhibo en las mesas de noche o en el escritorio.

Consigue un ramo de flores frescas y pídele al *concierge* un jarrón, a menos que te alojes en un hotel cinco estrellas. ¿Sabías que tener flores frescas en cada habitación es un requisito para que un hotel obtenga una calificación de cinco estrellas?

Colocar en la habitación y en el baño tu vela perfumada favorita es también una gran idea. Esto realmente da la sensación de hogar, donde quiera que estés en el mundo.

Ahora existen esos pequeños altavoces inalámbricos que funcionan con tu *Smartphone* y que pueden convertir una habitación de hotel en una discoteca, un *lounge* o un templo de paz.

Pon música en lugar de la televisión, a menos que quieras ver algo específico. Realmente es muy invasivo tener un televisor encendido innecesariamente en una habitación de hotel, o incluso en casa. ¿Por qué tener todas esas molestas e innecesarias pantallas planas en casi todos los bares y restaurantes baratos?

¡Mueve tu cuerpo!

"Cuida tu cuerpo. Es el único lugar donde tienes que vivir".
-Jim Rohn

Todos los buenos hoteles tienen fabulosos gimnasios que te permiten seguir tu rutina de ejercicios. Supongo que todos tenemos una. El ejercicio es una gran manera de aliviarnos tras un día de trabajo o de viaje estresante. Algunos de estos gimnasios, además de contar con los últimos equipos, monitores de televisión e incluso agua helada con limón, tienen excelentes entrenadores gratuitos. Después de tu sesión de ejercicios, ve a una sauna o baño de vapor. Me gustan los dos, unos diez minutos en cada uno. Te sentirás como nuevo.

Lo interesante de conocer gente en una sauna -para mí, afortunadamente, a otros hombres-, es que todo el mundo está desnudo, por lo que no se puede juzgar por la ropa o incluso el reloj. En una ocasión, yo estaba en una sauna de un hotel en una isla caribeña y me hice amigo de un caballero muy agradable.

A la mañana siguiente, fui con mi equipo de trabajo a desayunar en el restaurante del hotel. Yo llevaba bermudas con un cinturón. La anfitriona se negó a dejarme entrar, aduciendo que tenían un código de vestimenta y que no aceptaban pantalones cortos. ¡Este es un hotel de cuatro estrellas en una isla tropical, no el Hôtel Barrière Le Fouquet's en París! Yo estaba a punto de hacer un escándalo cuando el caballero de la sauna apareció y solucionó la situación, llevándome personalmente a una mesa. Él era el gerente del hotel, ¡menos mal que me "comporté" en la sauna!

Un buen lugar para entrenar en un hotel sin gimnasio son las escaleras. Siempre están vacías y no hay distracciones. La mayoría no tienen aire acondicionado, por lo que sudarás mucho. ¿Quién necesita un *Stairmaster* cuando puedes tener la versión real? Los escalones te ayudarán a ser creativo haciendo estiramientos, sentadillas y abdominales.

Te compartiré un secreto travieso. ¡Diablos, a estas alturas ya estamos cerca de ser mejores amigos! Las escaleras de hotel no son solo un gran lugar para ejercitarse, sino que además son impresionantes para sostener encuentros íntimos, por las mismas razones que mencioné anteriormente: son cálidas y privadas, en especial si te gusta la emoción de un "rapidito" en un lugar público. ¡Las azoteas, si son accesibles y el clima lo permite, también son grandiosas!

¿Vuelos y habitaciones gratis? ¡SÍ!

Si eres viajero frecuente, te sugiero que tengas una tarjeta de crédito con un programa de millas y un límite amplio. En mi caso, uso mi *American Express Platinum*, pero ahora hay muchas otras tarjetas con beneficios similares así como colores platino, zafiro y negras. Trata de usar la misma aerolínea y cadenas hoteleras, o una con alianza a la tuya, siempre que sea posible. Esto hará una gran diferencia en tu status. Si como yo, eres propietario de un negocio y te haces varios negocios fuera, ya sea a nivel nacional o internacional, haz como yo, ¡y carga todos tus gastos a tu tarjeta de crédito!

Incluso entré a *The Million Mile Club*, que te da ventajas fabulosas. Cargamos decenas de miles de dólares en la American Express en cada producción que hicimos. Hoy en día, puedes cargar cuanto quieras en una tarjeta de crédito, y no solo cenas y hoteles. Una vez le compré a mi novio un coche nuevo en una promoción en una feria del automóvil y pagué con plástico. Incluso en Estados Unidos puedes pagar tus impuestos de esta manera.

Pero ten en cuenta los peligros de la deuda de las tarjetas. Lo bueno de la *Amex* es que no es una tarjeta de crédito a largo plazo, aunque también ofrece ese servicio. ¡Debes pagar todo el balance cada mes! Esto mantiene mis gastos en control. También el informe anual que recibes con todos los cargos detallados por categoría hace todo mucho más fácil para el contador. Otras tarjetas ofrecen estos mismos servicios. Por cierto, no soy un portavoz de *American Express*... ¡pero lo consideraría si me lo ofrecieran! https://www.americanexpress.com

¡Empacando!

"Cuando se trata de equipaje, soy de ir ligero"
-Pharrell Williams

Planea tus atuendos, esto te evitará empacar de más, un error que solía cometer. Siempre visita www.weather.com para conocer el pronóstico en la ciudad a la que viajas y empaca de acuerdo a ello. Tómate tu tiempo seleccionando los atuendos y los accesorios adecuados para ellos. **Hazlo el día o la noche anterior.** Si empacas apurado a última hora, llenarás tus maletas con artículos no deseados y olvidarás lo realmente importante -como olvidar mi colección de abanicos, tan necesaria en el verano, o ¿de qué tanto sirve una camisa de esmoquin sin mancuernas? O peor aún, ¡mis pastillas para dormir! Y siempre empaca un paraguas plegable.

Empacar para el verano es mucho más fácil y más ligero, pero también requiere planificación. Siempre lleva un traje de baño, incluso si el destino no es una playa. **Lleva piezas neutras, incluyendo una chaqueta que se pueda combinar con varias prendas.** Tengo una chaqueta que mandé a hacer en Guatemala, es una combinación oscura de azules y marrones, dos colores que los hombres, incluso los gays, usamos a menudo. ¡Llevo esa chaqueta a todas partes y va casi con cualquier cosa!

Recuerda empacar en tu equipaje de mano todo lo que necesites. No cuentes con que tus maletas lleguen contigo, a veces no sucede. Siempre llevo mis medicamentos, vitaminas, anteojos, joyas, relojes que he elegido de mi colección y abanicos (en verano), así como un atuendo en el equipaje de mano. ¡No olvides un material de lectura o la *tablet* para que no te tengas que conformar con la publicación de la aerolínea!

Tómate unos minutos cuando llegues a tu habitación para desempacar y colgar tu ropa correctamente. Esto evitará arrugas. Una buena manera de quitar las arrugas, especialmente en prendas de seda y algodón, es colgarlas en la barra de la cortina de la ducha y abrir el agua caliente. ¡Ten cuidado de no mojar la ropa, como lo hice una vez! Una vez que el baño esté lleno de vapor, cierra el grifo y la puerta y déjalas ahí, tal vez no tengas que usar la plancha.

Yo tenía un novio que era fuerte, varonil y tatuado. Me acompañó en muchos viajes. ¡A este tipazo le encantaba planchar! Siempre que llegábamos a la habitación del hotel, él sacaba la plancha y la tabla y planchaba toda la ropa, colgándola cuidadosamente en el armario. Así es, ¡no todo el mundo es tan afortunado como *moi*!

¡Llévalo a mano!

"He aprendido que se puede saber mucho de una persona por la forma en que lidia con: un día lluvioso, un enredo de luces navideñas y su equipaje perdido".
-Maya Angelou

Para viajes cortos, trata de llevar solo equipaje de mano. Si vas a empacar líquidos o geles, verifica cuáles son las reglas actuales de la TSA. Una vez lo olvidé y en el último minuto puse un tubo de pasta de dientes y una botella de enjuague bucal que eran muy caros y solo disponibles en el extranjero. ¡Los perdí ambos!

Sé que empacar ligero, en pequeños bolsos de mano, es difícil para gente *fashionista* como yo. Pero no encontrar tu equipaje en un viaje corto no es nada divertido. Para cuando la aerolínea te lo entrega, si lo hacen, lo que podría tomar un día o más, puedes ya estar listo para regresar a casa o haberte ido ya, lo que complica y pone en peligro la posibilidad de recuperarlo.

¿Diseñador o incógnito?

"No hace falta llevar un bolso de diseñador que cueste más que un coche para verse bien".
-Kesha

Nunca hagas *check-in* a un bolso de diseñador. Una vez cometí ese error en un vuelo desde Miami a Nueva York, chequeé mi bolso de hombro *Louis Vuitton*, contradiciendo mi instinto, que me dijo que no lo hiciera, y bueno, nunca volví a verlo.

Si quieres asegurarte de que tus maletas lleguen al destino y estén allí cuando llegues, ¡envíalas la noche anterior! Compañías de mensajería como FedEx pueden enviar tus maletas a cualquier ciudad de un día para el otro. Sí, puede ser caro, pero es por mucho la forma más segura y conveniente de viajar. Nada mejor que NO llevar maletas por aeropuertos ocupados, o esperarlas en la cinta transportadora. No recomiendo este servicio cuando viajes al extranjero, pues el equipaje puede quedarse en aduana durante días.

Para aquellos de nosotros que viajamos a menudo y lejos, es indispensable tener un buen equipaje. Yo solía ser un 'chico Tumi', todo mi equipaje era Tumi. Sí, eran caros, pero muy resistentes y tenían garantía de por vida. Si algo se rompía o funcionaba mal, como un mango o una cremallera, lo arreglaban sin hacer preguntas, razón por la que había sido un cliente leal durante tantos años. ¡Sin embargo, eso se acabó!

Mi última maleta Tumi, por la que pagué más de $800 dólares, literalmente se desbarató. Ni siquiera podía donarla, ¡tuve que botarla a la basura! Tumi afirmó que fue por "mal uso". ¡Disculpen, pero yo trato mis maletas muy bien! Es una vez que desaparecen en la cinta transportadora que ocurre lo inevitable.

En la exclusiva tienda de equipaje, donde por décadas había comprado mis Tumi, me sugirieron que de ahora en adelante comprara de esas maletas de plástico que vienen en colores. Les recomiendo *Samsonite* y *Delsey*, pues son excelentes y menos costosas. Estas coloridas maletas plásticas son muy ligeras y pueden soportar muchos años de viajes intensos y, para entonces, ya estarás listo para probar con un nuevo color. Si puedes costearlas, te recomiendo las marcas *Rimowa* y *Zero Halliburton*, que ofrecen el mejor equipaje resistente y ligero, a un precio mucho más alto. Durarán para toda la vida.

¡Colorea tu mundo!

"Atardecer sigue siendo mi color favorito, y el arco iris el segundo".
-Mattie Stepanek

¡Por favor, no tengas equipaje negro, el 80% de las maletas son negras! Esto hace muy difícil distinguirlo en la cinta transportadora. Si tu equipaje es de un color o diseño diferente -y ahora hay varias hermosas opciones-, el tuyo será mucho más fácil de detectar en el aeropuerto. También te evitarás esas cintas de color de mal gusto para identificarlas. ¡Perdón, abuela!

Cuando vayas a registrar el equipaje en el aereopuerto, tómale una foto con tu teléfono celular, así como un primer plano de las etiquetas. Esto hará mucho más fácil localizar una maleta que falte, ¡me ha sucedido! Cuanto más viajes, mayores son las posibilidades de perder tus maletas. Es una cuestión de tiempo y de suerte.

Consigue etiquetas de plástico flexible para equipaje. Puedes pedirlas en línea. Anteriormente, he comprado etiquetas de plástico duro, pero se rompen. Las mías son amarillas, lo que las hace muy visibles. Solo imprimo en ellas mi nombre, dos números de teléfono celular y la dirección de correo electrónico que más uso.

Identifica todos tus *gadgets*

¿Crees que cuando le pidieron una identificación a George Washington, él solo sacó una moneda?
-Steve Wright

Escribo sobre esto en otras secciones del libro, pero es especialmente útil durante el viaje. **Pégales tus tarjetas de presentación a todas tus pertenencias electrónicas: Celular, *tablet*, computador portátil, discos duros, cámaras... ¡todo!** Como tu tarjeta de presentación tiene tu número de celular y el correo electrónico, es mucho más fácil para un establecimiento o una persona honesta (todavía hay muchas de ellas por ahí, ¡gracias a Dios!) devolverte algo perdido. Gracias a este método he recuperado probablemente los artículos más importantes que llevo alrededor, mi celular, *tablet* y computador portátil.

Una vez en una producción había cinco computadoras portátiles idénticas en una mesa de trabajo grande. No sé ustedes, pero yo sabía cuál era la mía porque mi tarjeta de presentación estaba pegada debajo.

Incluso recuperé mi nueva *Titanium Mac*, cuando acababan de lanzarla, después de dejarla en un avión. Tal vez el hecho de que era un asiento de primera clase, ayudó. ¡Sé que soy distraído, pero nadie es perfecto!

Te insto a que escribas con un *Sharpie* o cualquier otro marcador permanente, tu nombre, número de celular y dirección de correo electrónico DENTRO de tus maletas, ya que las etiquetas a veces se salen durante el viaje.

Agendas y objetos perdidos

También llevo un libro de agenda, ¡sí, estoy pasado de moda! ¡He aquí un tipo con DDA (desorden de déficit de atención) que lleva una vida muy compleja y necesita toda la ayuda que pueda conseguir! Siempre elije una agenda que sea muy visible, nunca negra o marrón, son como camuflaje. Escoge un diseño que salte a la vista. Una vez tuve una con labios, muchos labios, en ambas cubiertas. Si la olvidaba, digamos, en un restaurante, cuando llamaba y preguntaba: "¿Encontraste una agenda con labios?" Por lo general, para mi gran alivio decían: "¡Sí, aquí está!". Escribo en estas agendas listas de pendientes, e imprimo y pego en sus páginas mis horarios de vuelo, con los tan importantes números de registros resaltados, también tarjetas de presentación, e incluso etiquetas de cosas que necesito comprar.

SIEMPRE pego mi tarjeta de presentación en la parte delantera de la agenda y, en la primera página, agrego: *"Si se encuentra, por favor devolver, ¡habrá RECOMPENSA! $$$,"* Lo pongo en inglés, español y francés. Bueno, las he olvidado muchas veces, y en la mayoría de las ocasiones las recupero. Te lo dije, ¡tengo DDA crónico!

Una vez que estuve en Nueva York de compras en una noche fría, llevaba varias bolsas, usaba una chaqueta de cuero y mi "cartera de hombre" se deslizó de mi hombro. Ni siquiera lo noté. De repente, mi teléfono celular sonó y el identificador de llamadas decía "bloqueado". ¡Siempre respondo mi teléfono! Incluso, o especialmente, si no reconozco el número.

Me saludó la voz de un desconocido (¡esto se pone interesante!) Me preguntó si tenía una compañera mujer conmigo. Le dije: "No, ¿por qué?" Él contestó que había encontrado un bolso con mi información de contacto. Se hallaba en la muy concurrida esquina de la 6ta avenida y la calle 33, por donde yo acababa de caminar. Dijo que era policía y que lo buscara.

Cuando lo encontré, ¡que estampa de negro! Me preguntó, "¿Cómo sé que este es tu bolso?" y respondí: "Porque hay un zapato rojo en el interior." El bolso era demasiado pequeño para tener un zapato, por lo que buscó, con una mirada dudosa en su rostro y sacó mi agenda, ¡que tenía una zapatilla roja de bailarina en la portada!

Le dije que no podía darle el dinero de la recompensa, ya que él era un policía, pero que con gusto le invitaba una copa cuando saliera de servicio, ¡qué diablos, ya tenía mi número de teléfono! Si él hubiera estado solo, estoy seguro de que habría aceptado, pero los policías de ciudad siempre andan en pareja. Así que ese fue el final de mi fantasía policíaca en Nueva York. ¡Por lo menos recuperé mi bolso preferido y todo lo que había en él!

Pero también tengo una verdadera historia de terror sobre "objetos perdidos". Dejé mi preciosa agenda en un vuelo de American Airlines a Miami. Una empleada de la aerolínea me llamó **tres veces** para preguntarme "qué era tan importante en esa agenda". Supongo que pensó que tenía en ella algún número de cuenta bancaria cifrada de Suiza. Tengo muchos números y códigos escritos en las últimas páginas. ¡Ella nunca me devolvió la agenda, incluso después de que le aseguré que toda era información personal y que le daría $100 dólares! ¿Puedes creerlo? ¡Tal vez ella todavía está tratando de encontrar "mi cuenta bancaria en Suiza"!

Ten siempre listo tu bolso de artículos de uso personal, *toiletries.*

Mantengo mi bolso muy bien surtido, siempre listo para llevar. ¡Es como una farmacia ambulante! Desde isopos hasta un *kit* de costura, mini linterna, una pluma y un *Sharpie (¡la gente del cine no puede vivir sin Sharpies!)* Además de todos los obvios artículos de tocador y aseo, incluye condones y analgésicos muy fuertes, puede que los necesites. En Estados Unidos necesitarás una prescripción pero en otros lugares del mundo las farmacias no son tan estrictas. Además, las drogas son mucho más baratas fuera de E.E.UU.

Una vez estábamos en mi casa de montaña en Panamá. El hospital más cercano quedaba a dos horas y un amigo cayó en el tanque de agua y se rompió varias costillas. Él es miembro de Alcohólicos Anónimos y era el único sobrio en el grupo, (irónico, ¿no?) ¡El tipo sobrio cae mientras que todos los borrachos están muertos de la risa! Conducir borracho por la noche en las montañas no era una opción. Si no hubiera tenido esos fuertes analgésicos, mi amigo habría agonizado.

Además, siempre lleva contigo un medicamento para la diarrea. Al viajar a lugares exóticos, es común enfermarse del estómago y esto puede arruinar cualquier viaje. Alka-Seltzer y una buena navaja suiza también son muy útiles. Simplemente, no pongas tu bolsa de artículos en tu equipaje de mano, como una vez distraídamente hice. ¡El agente de aduanas me lo saqueó!

¡Los aeropuertos pueden ser fabulosos!

"Quiero que mis libros se vendan en las librerías de los aeropuertos".
-Stephen Hawking (¡y yo también!)

Me gusta llegar al aeropuerto temprano, aún con un boleto de primera clase y número de viajero frecuente de TSA[1] Pre (*Global Entry*). No tener que preocuparnos de perder un vuelo es el tipo de estrés que podemos evitarnos en esta existencia tan estresada de la vida moderna. Me encanta tener tiempo libre en la sala de primera clase. Consejo para todos los viajeros: ver relojes finos en las vitrinas de las tiendas libres de impuestos, *duty free* ¡es gratis!

Siempre pide un *check-out* tardío en el hotel. Reducirá un poco de estrés antes de dirigirte al aeropuerto.

Lectura diversa

"La lectura es a la mente lo que el ejercicio al cuerpo".
-Joseph Addison

En casi todos mis viajes, además de llevar la más reciente *Vanity Fair*, **compro una revista en el aeropuerto que de otra manera nunca leería.** Esta es una manera entretenida de averiguar cómo vive la otra gente. Las cosas que he aprendido de *Popular Mechanics*, un verdadero reto para un chico gay, me han sorprendido gratamente. Realmente recomiendo esta práctica; te ayudará a entender todos los tipos de personas con quien podrías tratar, especialmente al viajar. Estas personas son tan diversas como las revistas, desde la gente que lee *Guns & Ammo* hasta *Rolling Stone*.

Me encanta la mirada que me echan otros pasajeros en la sala de primera clase. ¡Imagínate, si quieres, a este hombre maduro, bien vestido con una mano llena de anillos de plata, leyendo esa infame fuente de chisme que es el *National Enquirer*!

Masaje rápido

Y sí, lo admito, soy un adicto al masaje, y te recomiendo el tailandés cuando tengas opción. Soy cliente regular en esas sillas de

---

[1] Transportation Security Administration

masaje en spas de aeropuerto e incluso en centros comerciales. ¡Qué gran manera de relajarse durante veinte minutos! Tengo que admitirlo: la mitad del placer se pierde cuando no tengo que quitarme la ropa. Me quito la camisa, que suele ser muy almidonada, y me dejo la camiseta. Para mí, la emoción de quitarme la ropa ante un extraño es una de las ventajas de un buen masaje, pero estas sillas son una buena alternativa.

Compra antes de volar

Muchos aeropuertos tienen tiendas geniales, justo para conseguir un regalo de última hora, o simplemente para mirar. Pero prepárate para pagar un precio alto por cualquier compra. Por otro lado, están las maravillosas tiendas de diez dólares *Bijoux Terner*, fundada en 1974 por un "*Juban*" de Miami (judío cubano) llamado Salomon "Moni" Terner. Han crecido a más de cuatrocientas tiendas en aeropuertos en veinticuatro países en el mundo. Si viajas a cualquier aeropuerto importante, estoy seguro de que verás estas fabulosas tiendas con las mejores ofertas en el mundo, desde bufandas de moda a sombreros y relojes, todo por diez dólares. ¡No puedo decirte cuántos hermosos regalos he comprado en esas tiendas! ¿No lo has hecho aún? ¡Deberías!

Conocí a "Moni" de una manera muy peculiar. Un sábado por la mañana tenía mi *Alfa Romeo Spider Veloce* rojo estacionado en frente de mi oficina, y yo estaba admirando su brillo cuando un Bentley color lila aparcó detrás de mí. Este caballero muy agradable y elegante se bajó, caminó hacia mí y se presentó como Moni Terner. Empezó a decirme que qué hermoso auto tenía. Caminó alrededor comprobando cada detalle. El mío era una edición limitada, número 119 de 190 autos que se hicieron en 1994, el último año de fabricación. He tenido otros dos Spider, un '86 y un '91. Le dije: "Respetuosamente, señor, su coche probablemente valga más que una casa" ¡Era precioso!

Entonces lo sorprendí con un desafío. Le dije: "Sr. Terner –a lo que me corrigió: "Por favor, llámame Moni"-, y continué: "Moni, intercambiemos autos por 24 horas, nos vemos mañana, justo aquí a la misma hora." Soné muy en serio, él parecía sorprendido y un poco preocupado... luego solté una carcajada y dije: "Estoy jodiéndote, Moni." Él se unió a mí risa, aliviado. Luego me dio su tarjeta de presentación y me di cuenta de quién era. El dueño de mis tiendas de aeropuerto favoritas. ¡Gracias Moni por ese recuerdo tan especial!

Sé tacaño y vuela gratis

"La laboriosidad es la mano derecha de la fortuna, y la mesura su izquierda"
-John Ray

Siempre intento tomar vuelos directos, pero a veces las escalas son inevitables. Mi amiga agente de viajes me dijo una vez: **"Si realmente quieres acumular millas de viajero frecuente, no vueles directamente, haz escalas."** ¿Qué? ¿Sabes cuán precioso es mi tiempo?

Una de mis mejores amigas, Yolanda Chang, es china de segunda generación, ¡y todos sabemos lo mesurados que son! Viajaba en un grupo de siete personas con sus hermanas e hijos en medio de la temporada navideña. Es ahí cuando oyes los anuncios ofreciendo boletos gratis e incluso cientos de dólares a las personas con asientos ya asignados que estén dispuestos a tomar un vuelo posterior.

Bueno, todo el clan chino se bajó no una, ni dos, ¡sino tres veces! Hicieron un montón de dinero y obtuvieron muchas ventajas y tiquetes para viajes futuros en la aerolínea. Esto solo es posible con un horario flexible. Con todas las millas que he recorrido en los aires, ¡solo he podido hacerlo una vez! Mis compromisos no me lo han permitido.

Global Entry y TSA Pre

Anteriormente mencioné *Global Entry*. Este es un fabuloso servicio de la Oficina de Aduanas y Protección Fronteriza de Estados Unidos para ciudadanos y residentes estadounidenses que viajan a menudo a nivel internacional. Es muy fácil inscribirse. Hazlo en línea en: http://www.globalentry.gov. Podrás saltarte las filas en inmigración al entrar a los E.E.U.U.

En el kiosco de *Global Entry*, ubicado en los principales aeropuertos internacionales, leerán, automaticamente tu pasaporte, escanearán tus huellas digitales, te tomarán una foto e imprimirán un pase. Todo el procedimiento toma alrededor de un minuto, y luego le das el pase al agente en la salida, ¡y listo! Hay un costo y un par de semanas de espera mientras hacen la verificación de tus antecedentes, pero es válido por varios años. Vale la pena.

Otro servicio de la Administración de Seguridad en el Transporte (TSA) es el *TSA Pre* con las mismas ventajas que *Global Entry*, pero para viajeros al interior de E.E.U.U. www.tsa.gov/tsa-precheck. Te ayuda a evitar las largas líneas de seguridad al llegar al aeropuerto antes de abordar tu vuelo.

Haz tu Pre-Producción

"No prepararse, es prepararse para fracasar"
-Benjamin Franklin

Planea tu viaje. Viajar es como la producción de películas, cuanta más pre-producción hagas, más fácil será el rodaje / viaje. Ahora con Internet, no tienes excusa. ¿Cuáles son los mejores lugares y actividades durante tu viaje, en cualquier ciudad del mundo? No esperes hasta llegar allí para buscar en línea: La conexión a Internet puede ser mala; o peor, inexistente, en muchos destinos de viaje. Al hacer un itinerario antes de tiempo, tendrás una experiencia relajada y utilizarás tu valioso tiempo más eficientemente. Aunque siempre lo puedes cambiar, ¡yo siempre lo hago! ¡*Bon voyage*!

Consejos de viaje de Luis:

★ **No vayas a Europa en agosto,** ¡todo el mundo está de vacaciones! Muchos negocios están cerrados por todo el mes. En Europa, a diferencia de los Estados Unidos, la gente camina mucho y hará mucho calor, especialmente ahora con el cambio climático.

★ **Asegúrate de escoger tu asiento de avión cuando hagas la reserva.** Esto podría hacer la diferencia entre conseguir el temido asiento en medio o el de pasillo.

★ **Lleva un sombrero,** preferiblemente uno que puedas doblar y empacar, como un buen sombrero Panamá.

★ **No olvides el bloqueador solar,** especialmente si eres muy pálido.

★ **El *check-in* en línea** ayuda mucho. Por lo general, las aerolíneas te envían un correo electrónico el día anterior para recordarte que debes registrarte e imprimir el pase. Puedes descargarlo en tu *Smartphone* en lugar de imprimirlo. ¡Me encanta la tecnología!

★ **Asegúrate de visitar las atracciones principales,** si vas a un país o ciudad por primera vez. No las descartes temiendo que sean una "trampa de turistas", que bien podría ser así, pero solo caen al turista tonto, ¡y tú no lo eres! ¿Podrías decir que fuiste a Río y no subiste al Corcovado para ver al Cristo Redentor? ¿O no viste la Torre Eiffel en París? ... ¡no hay excusa!

★ **Siempre notifica a tus proveedores de tarjetas de crédito con antelación y diles a dónde vas.** Incluso si viajas al mismo lugar a menudo. Esto te ahorrará vergüenzas y tiempo. La mayoría de las tarjetas rechazan "automáticamente" la primera compra que se hace en el extranjero. Sí, es por tu seguridad.

★ **Al llegar, da un paseo en autobús de dos pisos.** Una gran manera de conocer una ciudad a primera vista es a través de esos autobuses de dos pisos, que ya están disponibles en todas las grandes ciudades, no solo en Londres. Te llevarán a los lugares de interés y te darán una idea general de los sitios. Más tarde, con un mapa (e insisto en que sea uno de papel, normalmente disponibles para los turistas, porque el *Google Maps* en tu teléfono no es lo suficientemente grande) puedes familiarizarte con la ciudad y escoger los lugares que desees visitar luego.

★ **Lleva todos tus medicamentos recetados.** Si están en su envase original con su nombre, mejor. Una odiosa agente de aduanas me acosó una vez por mis pastillas para dormir. Sí, las tomo, no es algo de lo que me sienta orgulloso, pero el sueño es esencial. Trae contigo los frascos de farmacia o una copia de tus prescripciones para evitar eso. Yo los llevo en esos contenedores plásticos con compartimientos de pastillas y los recomiendo, especialmente durante el viaje. Pon ligas en las tapas del envase para evitar que se derramen en tu bolso. Cuando las quites, guárdalas en un compartimento vacío.

★ **Haz una fotocopia de tu pasaporte**. Una fotocopia, preferiblemente en color, será muy útil si tienes que reemplazar tu pasaporte. Siempre tengo una en mi billetera. Una vez, estaba filmando en un país sudamericano, donde ciertas áreas estaban controladas por guerrilleros que detenían los vehículos para cobrar un "peaje" por pasar; ¡aún más aterrador que ser detenido por hombres con capuchas y ametralladoras, fue tener que entregarle a uno de ellos mi pasaporte! Yo estuve en tal situación una vez y me salí fácilmente dándole al guerrillero una fotocopia.

★ **Lleva un diario, o al menos toma notas de las cosas que deseas recordar.** A ratos tengo estos "momentos seniles". ¡A veces olvido incluso lo que desayuné!

★ **Sé amable, pero no demasiado.** Una sonrisa no necesita traducción. Si sonríes demasiado y te quedas mirando demasiado tiempo, puedes ser malinterpretado... ¡a menos que eso sea lo que buscas!

★ **Aprende el saludo básico en el idioma del país que estás visitando:** *"Hola", "adiós", "buenos días / tardes / noches", "por favor", "gracias"* y *"disculpe"*, serán suficientes. "¡Fuera!" o "¡déjame solo!", pueden ser muy útiles con mendigos y vendedores no deseados. Un par de insultos pueden ser muy útiles también, ¡solo ten cuidado con a quien insultas!

★ **Compra *souvenirs* de más,** harás que alguien se sienta muy especial, especialmente si no estaba en tu lista.

★ **Usa la caja fuerte de tu habitación de hotel.** Al menos, te dará tranquilidad. No lleves joyas costosas a tu viaje, a menos que debas, y al alquilar un auto, nunca dejes nada de valor en él cuando aparques. Esto también es una buena idea para cuando uses tu auto en tu ciudad.

★ **Lleva SOLAMENTE zapatos cómodos.** Lo más probable es que vayas a caminar más de lo acostumbrado.

★ **No tengas miedo de preguntar, especialmente en hoteles, restaurantes, museos y demás.** Mucha gente en todo el mundo que trata con turistas habla más de dos idiomas. (Recuerda aprender y usar "por favor" y "gracias" en la lengua local).

★ **Toma muchas fotos.** Especialmente ahora con la fotografía digital.

★ **Si ves algo que te encanta, ¡cómpralo en el acto!** ¿Cuántas veces has dicho: "lo compro cuando regrese", pero nunca vuelves y lo lamentas por el resto de tu vida?

★ **Tómate un par de días después de regresar.** Necesitas acostumbrarte, tal vez incluso reajustar horarios. No serás productivo en el trabajo si aterrizas el domingo y vas a trabajar el lunes.

★ **Duerme al volar hacia el este, permanece despierto al volar hacia el oeste.** ¡Esta es una información extremadamente valiosa! Durante un vuelo de diez horas desde Los Ángeles (oeste) a Tokio crucé varias zonas horarias y me las arreglé para permanecer despierto todo el vuelo e incluso unas horas después de llegar. Verás, dejamos L.A. a las 10 a.m. y llegamos a Tokio, diez horas después, a las 5 p.m. Me quedé despierto hasta la noche, casi hasta las 8 p.m. ¡Me desplomé en la cama, dormí doce horas y me desperté perfectamente renovado la mañana siguiente! Algunos miembros del grupo durmieron en el vuelo, ¡solo para arrepentirse! Al volar desde América a Europa, (este) es todo lo contrario. El avión despega a las 5 p.m., como algo, tomo mis pastillas para dormir, duermo durante siete horas y me despierto para desayunar antes de aterrizar en Londres o Madrid. Así es como empecé a usar pastillas para dormir...

¡Recuerda siempre!

★ Ten un buen agente de viajes.
★ Lleva mocasines al volar, más fáciles de quitar y poner.
★ ¡No vueles desnudo! Usa pantalones, medias y una chaqueta.
★ Viste de manera sencilla y elegante y serás tomado en serio.
★ Cuando vayas en clase turista, pide un asiento de la fila de salida.
★ Haz de tu habitación de hotel un hogar, con fotos personales, flores frescas y velas perfumadas.
★ Quédate en hoteles responsables con el medio ambiente.
★ Da buenas propinas, especialmente al *concierge* y las camareras de habitación.
★ Medita.
★ ¡Toma todas las cortesías, todos los días!
★ Compra licor en la tienda, no en el mini bar.
★ Usa el gimnasio del hotel... o las escaleras. ¡Y no solo para hacer ejercicio!
★ Aprovecha al máximo las millas de los programas de viajero frecuente.
★ Planifica tu viaje, atuendos y tiempo.
★ Llega temprano al aeropuerto.
★ Para viajes cortos, ¡solo equipaje de mano!
★ Lleva todo lo necesario en tu equipaje de mano.
★ Ten maletas de colores... ¡nunca negras!
★ Marca todos tus electrónicos y equipaje, por dentro y por fuera.
★ Ten tu bolsa de artículos de tocador siempre lista.
★ Los aeropuertos son fabulosos; compra, lee, date un masaje de silla.
★ Sé mesurado, vuela gratis.
★ *Global Entry* y *TSA Pre*, las mejores formas de pasar a través de los contro les de aeropuertos.

Mis queridos amigos, viajar tiene que ser una de las mejores actividades de la vida moderna. Te expones a otras culturas, comes comidas exóticas, conoces a gente fascinante y, lo más importante, sales de tu vida cotidiana. Nada como la distancia para tener un "punto de vista objetivo" de tu vida en casa. ¡*Bon voyage*! ¡Buen viaje!

"Es bueno tener un destino hacia el cual viajar;
pero, al final de cuentas, es el viaje lo que importa".
-Ernest Hemingway

Capítulo
SEIS

DGC

¡Gloriosa comida!

"Solo las personas aburridas son geniales en el desayuno"
-Oscar Wilde

Mi primera y muy importante recomendación para ti, querido amigo, viene de un valioso consejo: **"Podrás ser muy rico y delgado, pero nunca serás lo suficientemente instruido o curioso sobre el mundo".** Esta joya viene del ilustre súper gay, Tim Gunn. En realidad aplica a todos: Gays, heteros o los que están en el medio. Estas son áreas en las que la mayoría de la gente tiene total control.

Llevar una vida fabulosa o viajar por trabajo o placer siempre incluye desayunar, almorzar y cenar en los mejores restaurantes de moda. Como director y dueño de mi compañía de producción, SIEMPRE debo estar al corriente. No importa dónde estemos en el mundo, tengo que saber qué restaurante elegir, qué mesa escoger, cuáles son los mejores platos y el vino correcto a ordenar y si hay música en vivo, ser un buen bailarín y sacar a bailar a las damas (¡siempre hay al menos 3!) o a un atrevido caballero a la pista de baile – ¡yo no discrimino!

Conocer los mejores restaurantes solía requerir una extensa investigación, ¡era agotador! Esto fue antes de *Google* y *Siri*, que han hecho esta tarea infinitamente más fácil. Tuve que confiar en guías de viaje, como la *Fodor's*. Mis mejores hallazgos provienen ahora de mis redes sociales -usa las tuyas en *Facebook*, *Instagram* y *Twitter*, porque el "boca a boca" sigue siendo la mejor fuente de opiniones confiables. Así como cuando mi amiga Rochi Llaneza me recomendó el "mejor restaurante de Oviedo". Tus amigos, sobre todo si viajan bien, son incluso mejores que *Siri*, (tranquila *Siri*, aún eres mi ÚNICA chica!)

Una gran parte de mi tarea consiste en llamar, sí por teléfono y preguntar a amigos y colegas de confianza sobre dónde ir y qué comer en la ciudad en particular. **A pesar de que Internet le ha quitado la gracia, con todos esos sitios web de viajes y blogs, créeme, las referencias personales son siempre mejores.** También recomiendo *The Food Network*, www. foodnetwork.com, como punto de partida para conocer restaurantes. En lo que soy un experto es en cómo verificar las opciones y tener una gran comida, ya sea para uno solo o con un grupo de veinte personas.

Comer a solas

"La soledad añade belleza a la vida".
-Henry Rollins

Al salir a comer solo, especialmente durante viajes de negocios, te sugiero sentarte en la barra en lugar de una mesa. ¿Alguna vez has desayunado en uno de esos "hoteles para ejecutivos"? ¡Es muy triste! Un hombre solitario en cada mesa.

En una ocasión, viajé a Montego Bay, Jamaica a una filmación para una línea de cruceros. Perdí un vuelo de conexión para reunirme con el resto del equipo en las Islas Caimán, así que esa noche bajé al restaurante del hotel para cenar. Para mi sorpresa, el *maître* me llevó a una mesa donde estaba sentado un hombre muy guapo con un uniforme blanco de marinero (¡hablando de una fantasía gay!). El muy educado jamaiquino dijo: "¿Por qué dos caballeros habrían de cenar solos?" ¡Tenía razón! Tuvimos una cena encantadora y Simón, un capitán de barco, y yo, nos hicimos magníficos amigos por correspondencia durante años.

En aquel entonces, no había Internet, WhatsApp, mensajes, ni teléfonos celulares. Si querías comunicarte, y no tenías acceso a un teléfono tenías que sentarte con una pluma y papel o una máquina de escribir y redactar la carta, meterla en un sobre y lamer el sello. Este ritual ha sido casi olvidado. Extraño especialmente la sensual experiencia de lamer sellos, ahora son autoadhesivos.

Simón, mi amigo marinero pasaba semanas en el mar sin mucho que hacer, ¡y me escribía cartas muy elocuentes de más de veinte páginas! Yo hacía lo posible por responderle adecuadamente. No podía enviarle una postal en respuesta a manuscritos tan largos. Somos amigos hasta la fecha. Incluso le he visitado en Devon, Inglaterra. Nuestra amistad comenzó en Jamaica, porque su cultura tiene una visión totalmente diferente sobre las relaciones sociales. ¡En los E.E.UU. y en Europa, la gente aprecia su "privacidad" hasta el punto de la soledad!

Así que siéntate en el bar y ten una buena comida. Por lo general, a los cantineros y cantineras, ya que hay muchas damas en la profesión, les gusta servir a los clientes en la barra; lo sé porque serví en bares y restaurantes durante mis días de estudiante universitario, ya que esta es una excelente oportunidad para lograr más consumo y, por lo tanto, una mayor propina. **Los cantineros también pueden ser una buena compañía, especialmente si el bar no está lleno. Si soledad es lo que quieres, estos chicos (y damas) son muy atentos a tu estado de ánimo y tus necesidades.** Son también una gran fuente de información local, especialmente en relación con restaurantes y bares.

¡Investiga los restaurantes!

"Es más fácil serle fiel a un restaurante que a una mujer"
-Federico Fellini

Una excelente forma de conocer un restaurante de moda, que suelen estar siempre llenos (también si no quieres pagar por una comida muy cara), es ir a tomar té o café a la mitad de la tarde, alrededor de las 4 p.m. El restaurante estará abierto y, lo más probable, casi vacío. Los empleados estarán encantados de servirte tu bebida favorita y disfrutar de uno de sus postres de la casa. ¡Pero no hagas esto en las horas pico! Ésta es también una manera de examinar un lugar antes de invitar a alguien, especialmente a clientes. A veces yo delego esta misión al departamento de producción, pero ¡debo admitir que realmente disfruto hacerlo yo!

Asegúrate de pedir y estudiar el menú y la carta de vinos. Pregunta acerca de sus recomendaciones de carne, pollo y pescado, y no olvides las opciones vegetarianas. **Toma fotos del menú con tu teléfono, este es también el momento perfecto para hacer o confirmar una reserva y aprenderte los nombres, o mejor aún, conocer al *maître* y al gerente.** Tus invitados quedarán impresionados cuando los saludes por su nombre al llegar. Para cuando se sienten, sabrás con certeza qué recomendar del menú a todos tus invitados y qué vino pedir. Más adelante revelaré mis recomendaciones de vinos favoritos. Un informe completo y a profundidad tendrá que esperar su propio libro sobre vinos, ya que es un tema inmenso y complejo, pero maravilloso.

¿Recuerdas lo que dije sobre la galantería en el capítulo uno? **Una cena es una gran oportunidad para ponerla en práctica.** Acomódales las sillas a las damas, propón un brindis, paga la cuenta si es tu turno y da buena propina, al menos del veinte por ciento si el servicio fue excelente.

Si quieres tener un servicio excepcional, voy a compartir contigo una manera perfecta de además tener éxito como anfitrión en una cena o almuerzo. También es una manera segura de impresionar a tus invitados. Dale tu tarjeta de crédito al mesero antes de la comida y dile que agregue a la cuenta final una propina del veinte porciento. Es una forma elegante de evitar ese incómodo momento en que llega la cuenta. Tú o, mejor aún, el mesero, solo dice: "Ya está pago". ¡Esta es una manera fabulosa de terminar la comida perfecta!

Los modales en la mesa importan

*"En el continente (América) la gente tiene buena comida;
En Inglaterra la gente tiene buenos modales en la mesa".*
-George Mikes

Pero de qué sirven todos estos consejos si una vez en la mesa no sabes qué hacer con la vajilla - cubiertos, vasos y platos. **Te mostraré cómo desenvolverte en una mesa puesta correctamente.** Si eres una persona bien educada, estas reglas pueden parecer básicas y aburridas, pero recuerda que vivimos en una época en la que poco se enseñan o transmiten las buenas costumbres. Así que toma esto como un "curso de repaso" o siéntete en la libertad de saltarlo.

Primero, coloca la servilleta en tu regazo, nunca como un babero, y siempre mantén los codos y las manos vacías fuera de la mesa. Una mesa formal tendrá tres tenedores a la izquierda y un cuchillo y cucharas de sopa y café a la derecha. Siempre comienza con el utensilio más alejado del plato, esto significa que la cuchara sopera y el tenedor de ensalada se utilizarán primero. ¡Por favor no gesticules con la mano mientras sostienes los cubiertos, no eres un pirata!

Tu plato de pan y el cuchillo de mantequilla están a tu izquierda. Es un error común (¡incluso yo lo he cometido!) usar el plato de pan de la derecha, que pertenece a la persona que está al lado.

Pide la sal, no te estires para alcanzarla y, si eres supersticioso como yo, nunca tomes el salero de la mano de alguien, deja que lo pongan en la mesa y lo recoges.

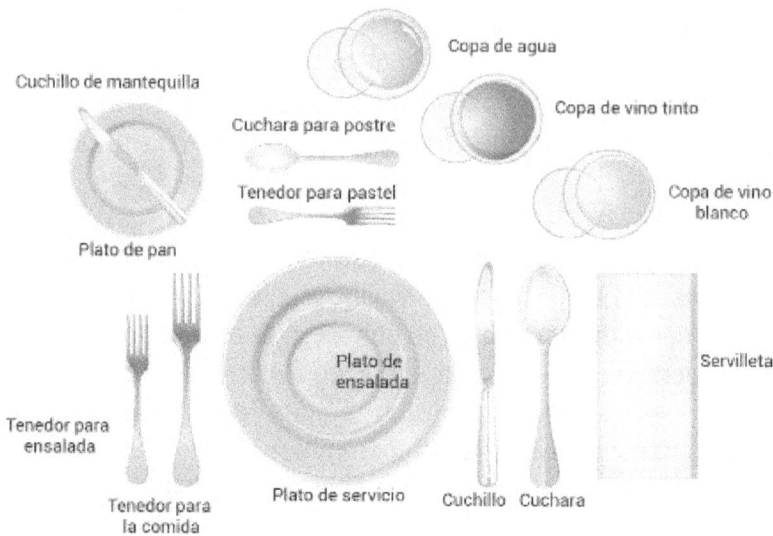

Una buena regla a recordar es "Come a tu izquierda, bebe a tu derecha." Esto significa que el plato del pan va a tu izquierda y la cristalería a tu derecha; Agua, vino tinto y blanco, en ese orden de izquierda a derecha. Una manera fácil de mantener tus copas en orden: la de agua es generalmente más grande, la de vino tinto es más ancha o gruesa y la de blanco más delgada. Los vinos espumosos se sirven en una copa en forma de flauta o tulipán. ¡Es un antiguo mito que la "forma de tulipán" fue inspirada en los senos de María Antonieta!

¡Siempre espera a que todos los comensales hayan sido servidos y que el anfitrión inicie! Si eres el anfitrión, ten en cuenta que los demás podrían tener hambre. En la mayoría de los idiomas, curiosamente no en inglés, es costumbre decir *buen* provecho, o *bon appétit*, antes de una comida. Por favor dilo, es una gran manera de comenzar una comida con armonía y buen ánimo. Si es apropiado, haz una breve oración, luego, ¡toma tu cuchara sopera y comienza!

"Después de una buena cena se puede perdonar a cualquiera, incluso a sus propios parientes."
-Oscar Wilde

Una vez que hayas terminado de comer un plato en particular, pon tus cubiertos en el plato a las 5 y 7 del reloj, esto le indicará al mesero que puede retirar el plato. Nunca coloques un utensilio, mientras esté en uso, sobre la mesa. Mantenlo siempre apoyado en el plato. Antes de levantarte, coloca la servilleta sobre la mesa, no en la silla y por favor ¡no la dejes caer al suelo!

"Preguntar quién es el "hombre" y quién es la "mujer" en una relación del mismo sexo es como preguntar cuál palillo chino es el tenedor".
-Ellen DeGeneres

En un restaurante asiático, cuanto más largos sostengas los palillos en tu mano, más refinado eres. Afortunadamente, los palillos japoneses son mucho más cortos que los chinos, así que fui más civilizado en Tokio que en Pekín. Vale la pena aprender a usar correctamente los palillos, hay muchos videos sobre cómo hacerlo en YouTube que te ayudarán a dominar esta habilidad, que es más simple de lo que parece.

La cultura japonesa exige una refinada, mas muy estricta, etiqueta, no solo al comer, sino en cada aspecto de la vida. Nosotros los occidentales, en comparación, somos "demonios extranjeros", como nos llamaban en tiempos de los shogunes, cuando los europeos intentaron colonizar el lejano oriente sin éxito.

Una de las ventajas de comer con palillos es que te obligan a comer más lentamente que con una cuchara o un tenedor. Recuerda que soy uno entre siete hermanos, ¡así que de niño en la mesa de los Palomo tenía que ser rápido! Mi papá solía llamarme "tragaldabas". Me he enseñado a mí mismo a reducir la velocidad, es mejor para la digestión. El cerebro se tarda unos veinte minutos para saber cuándo el estómago está lleno, ¡así que bájale! No comerás tanto, y así, no subirás de peso. Otra forma de reducir la velocidad es participar en una conversación, pero recuerda también escuchar, y como dicen nuestras madres, *"No hables con la boca llena".*

En las mesas asiáticas hallarás los tazones de arroz, indispensables en sus comidas. Afortunadamente, el arroz asiático es pastoso, por lo que es más fácil comerlo con palillos. Poner otros alimentos en el arroz y llevar el tazón a la boca acorta la distancia, facilitando el proceso, y es perfectamente aceptable. Esto es especialmente útil cuando se comen fideos. También puedes sorber tu sopa en el tazón, ¡algo que podría hacer que te echen de un elegante establecimiento occidental!

En Asia, nunca limpies tus dientes sin cubrirte la boca. En China, como en la mayoría de las culturas asiáticas, mostrar los dientes se considera de mala educación, una señal de agresión. Nota cómo se cubren la boca incluso cuando ríen.

¡Nada como la comida casera!

"Creo que cocinar cuidadosamente es amor, ¿y tú?"
-Julia Child

A pesar de lo divertido que es comer de todo alrededor del mundo en tantos restaurantes multiétnicos en cada ciudad importante, ¡la experiencia se queda corta cuando se compara con una buena comida casera!

No tienes que cocinar siempre en casa. Puedes pedir en un buen restaurante cercano que te preparen todos o algunos de los platos que te gustan. Hay un buen restaurante portugués en mi barrio. Hacen un delicioso arroz de mariscos. Les pido que lo hagan con arroz valencia (de grano más corto), les llevo una olla grande y les pido que lo pongan en ella. Una vez en casa, lo pongo en la estufa a fuego muy bajo y cuando llegan mis invitados, levanto la tapa para probarlo, con el vapor saliendo, en su punto. Apago la llama y lo dejo tapado para mantenerlo caliente hasta servirlo.

¡Nadie tiene que saber que no lo cocinaste! Esto funciona con sopas, arroz, carnes cocidas e incluso ensaladas. No funciona con pastas o alimentos al vapor o fritos que se deben servir del sartén directamente. La excepción a las pastas son las lasañas, canelones y otras pastas horneadas. Sé creativo, subcontrata lo que puedas, y hazte más fácil la vida en la cocina.

Ya has manejado con éxito la carrera de obstáculos de platos, cubiertos y vasos –e incluso palillos chinos-, así que es hora del postre y el café –¡Espresso para mí, por favor!- ¿A quién no le gusta un buen postre? Incluso en una época en que la gente está cuidando su peso, pide o sirve varios postres pequeños. Un gran truco es usar tacitas de café o vasos pequeños como los de medir el licor y poner una cucharada del postre en el vaso o taza –eso controla las porciones y es una manera bonita de servir varios-. Si los postres son grandes, como ya es costumbre en los restaurantes, pide uno, cucharas para todos y comparte. Esto garantizará que todo el mundo se satisfaga de dulce, pero nadie consuma demasiada azúcar.

Si la ocasión lo requiere, haz ese inolvidable brindis del que hablamos antes. Agradece a tus amigos, familia y anfitriones y, especialmente, a tus clientes. Siempre he expresado mi sincera gratitud a mis clientes en las obligatorias comidas entre clientes y agencia organizadas por mi empresa. En varias ocasiones, mis clientes se emocionaron positivamente y me confesaron que nadie nunca les había agradecido por su negocio. ¿Puedes creerlo?

La gratitud es una de las llaves al cielo, y también te abrirá muchas puertas en todos los aspectos de la vida: Negocios, familia, espiritualidad, incluso financieramente. Mis clientes japoneses han estado especialmente agradecidos por mi gesto de simplemente decir gracias.

En uno de mis viajes a Japón, rompí el protocolo de la manera más horrible. Nuestro anfitrión japonés nos llevó a un restaurante de barbacoa coreana muy agradable. Japón está extremadamente poblado, y gracias al gran nivel de civismo y sentido del orden de sus habitantes es que pueden funcionar tan bien en espacios tan pequeños. Tokio es una "ciudad vertical", en la que la mayoría de los negocios, y esto incluye restaurantes, bares, incluso salas de cine, no están a nivel de la calle. Este restaurante coreano estaba en un segundo o tercer piso de un edificio multiusos en un exclusivo distrito comercial de Tokio.

¡Los ejecutivos japoneses son conocidos por beber como peces! Es costumbre que el personal del restaurante mantenga tu copa llena hasta el borde. Como ya te dije, soy una "cita barata", dos copas y ya puedes abusar de mí, así que entre el sinfín de Cubalibres – ¡sí, tomé ron con Coca Cola, era joven y no tenía el respeto que ahora profeso al ron!- y el restaurante pequeño y lleno de gente, inundado de los vapores de la barbacoa en cada mesa, me sentí claustrofóbico: pensé que tendría un ataque de pánico. Así que me excusé y salí a la calle a tomar un poco de aire fresco.

¡Nunca encontré la manera de volver al restaurante! Eso a pesar de que he desarrollado un gran sentido de la ubicación que me ayuda enormemente en mis viajes. Después de más de una hora de subir y bajar escaleras y pasillos, me di por vencido, hambriento y borracho. Me las arreglé para encontrar nuestro auto y me senté en la acera para esperar a mi grupo. Estaba muy avergonzado porque sabía que mi ofensa a un samurái de la era feudal podría haberle costado el harakiri (suicidio tradicional) para salvar su reputación. Debí haber tomado agua...

Ya que estamos en el tema de Japón, **quiero contarte sobre el trascendental libro del Dr. Masaru Emoto,** *El mensaje del agua.* Este es un tesoro de maravilloso conocimiento sobre nuestro más preciado líquido. Me encantaría decirte más sobre el trabajo de este increíble hombre, pero por ahora solo búscalo en *Google*. Él recomienda, y yo también, decirle (y tú puedes susurrarle o, si debes, mentalmente) los siguientes tres pensamientos al agua antes de beberla: "Gracias, perdóname (por contaminarte y desperdiciarte) y te amo". Y yo agrego, "Dios te bendiga". También digo estas palabras al agua que sale del grifo mientras tomo una ducha caliente.

El mensaje más importante que recibí del doctor Emoto es que el amor y la gratitud son las emociones más preciosas e importantes que podemos sentir y expresar. En uno de los ejercicios realizados por el Dr. Emoto, al combinar las palabras *gracias* y *te amo* se formó en el agua el cristal más hermoso de todos. **¡Simplemente, nunca hay que dejar de decirle *gracias* y *te amo*!**

No solemos consumir suficiente agua. La cantidad recomendada es de ocho vasos de 8 onzas, o aproximadamente dos litros o medio galón, todos los días. Ahora sé honesto, ¿bebes toda esta agua a diario? ¡Realmente deberías! Somos, después de todo, más del 60% agua. El cerebro es 75% agua, lo que da paso a la teoría de que el Alzheimer es causado por un "cerebro seco". Nuestra sangre es 92% agua, incluso nuestros huesos no son "secos como un hueso", contienen 22% del precioso líquido. Podemos sobrevivir por un mes o más sin comida, pero solo una semana sin agua. ¡A beber más agua!

"Yo como muchas ensaladas, un poco de carne y algo de fruta. Eso es todo. Pero me encantan los dulces"
-Sofía Loren

Al planificar una comida, y especialmente una ensalada, incorpora verduras en todos los colores posibles. Esta es una manera fácil de asegurarte de incluir una gran variedad de nutrientes. Siempre hago mi propio aderezo para ensaladas. ¿Sabías que una porción de aderezo comercial para ensaladas puede tener mil calorías? ¡DIOS MÍO! ¡Un aderezo casero es muy fácil y rápido de hacer, además a todos les va a encantar! Haz la cantidad a tu gusto. Ponlo en la nevera, en un frasco de vidrio reusado, ¡nunca de plástico! Se mantendrá perfectamente bien durante muchos días. He aquí mi fórmula, las proporciones, te las dejo a ti... ¡sé creativo!

★ Aceite de oliva
★ Zumo de lima fresco, en lugar de vinagre
★ Sal y pimienta
★ Algo dulce. La mermelada de naranja o la miel son mis favoritas
★ Una buena mostaza
★ Ajo fresco molido y/o jengibre fresco rallado
★ ¡AGUA!

Agítalo bien antes de servir para asegurarte de que todos los ingredientes se combinen a fondo. **Sin un poco de agua, el aderezo no se deslizará por la ensalada, sino que se quedará por encima.** Yo lo pongo en un frasco de mermelada de vidrio reusado, con los restos todavía dentro, y puedes utilizar el mismo tarro para guardar el aderezo sobrante en el refrigerador. Sírvelo en un dispensador de salsa adecuado con una cucharita para revolverlo. ¡Los cumplidos no se harán esperar!

La fibra nos da vida

"El futuro de nuestro mundo depende de nuestra capacidad de producir alimentos y fibra para sostenerlo".
-Dr. Dale Bredesen

La fibra es otra necesidad de nuestro sistema digestivo que, como el agua, no consumimos lo suficiente. Debemos consumir unos treinta gramos de fibra al día. La mayoría de las verduras y frutas crudas son una gran fuente, también todos los granos que además son muy ricos en proteína. He aquí una manera fácil de aumentar eficazmente tu consumo de fibra: **"Toda comida que era blanca ahora tiene que ser marrón".**

Esto va para todos los panes, galletas y pastas. Incluso ahora puedes encontrar tortillas mexicanas y pan pita griego en versión de trigo integral. El arroz, tradicionalmente blanco, ahora debe ser marrón, integral. Y lo mismo con el azúcar; el azúcar morena es mucho mejor que la blanca. He aplicado el mismo principio con la gente, necesitamos diversificar nuestras amistades. ¡Ten más gente de color en tu vida!

"Come menos azúcar, que ya eres una dulzura"
-Anónimo

Como estamos hablando de endulzantes, debo mencionar el Splenda, que es un sustituto de azúcar muy popular y ahora está en todo, desde refrescos de dieta, alimentos bajos en calorías, hasta productos horneados.

El Dr. Joseph Mercola, un médico osteópata, ha dedicado años de trabajo independiente investigando los endulzantes artificiales, específicamente el Splenda. Él da un dato fascinante en su libro *Sweet Deception*: **¡El Splenda es 600 veces más dulce que el azúcar y es todo químico!**

Una cucharadita de azúcar tiene solo 19 calorías, ¿no crees que valga la pena? El estadounidense promedio consume alrededor de 130 libras de azúcar al año. ¡Eso es demasiado! El azúcar, así como los edulcorantes artificiales, de todas las marcas, y especialmente Splenda, están en casi todos los alimentos procesados, al igual que la sal y el jarabe de maíz, dos horribles aditivos alimenticios. Lee las etiquetas... ¡siempre lee las etiquetas de los alimentos, minuciosamente!

El azúcar y el jarabe de maíz son responsables del desmesurado sobrepeso en Estados Unidos y el mundo. Solíamos pensar que el enemigo era la grasa. En los años 80 todo era "libre de grasa", *fat free*. Sin embargo, treinta años después, ¡tenemos una epidemia de obesidad que literalmente está matando a la población! **La obesidad es ahora la segunda causa de muerte evitable en los Estados Unidos.**

Vi un comercial de Coca Cola hecha con Stevia, un edulcorante más "natural". La botella tenía una etiqueta verde. ¡Nunca pensé que vería el día en que Coca Cola dejara su eterna etiqueta roja por el ahora popular verde!

Por favor, usa los endulzantes con moderación y deja la adicción al azúcar. Utiliza miel en su lugar, siempre que sea posible. ¡Te sorprenderá lo bien que sabe! ¿Sabías que la miel es el único alimento que no se pudre? Un tarro de miel de 3000 años de antigüedad fue encontrado en una tumba egipcia, ¡y todavía era comible! Creo que debería haber grupos de apoyo con programas de doce pasos para los adictos al azúcar, al igual que para el alcohol y las drogas.

Comer sano... ***"Ser o no ser (orgánico)"***

"Si como sociedad estamos dispuestos a tener una preferencia por los alimentos orgánicos, los agricultores podrán dar en herencia sus ahorros"
-Robert Patterson

Lo ideal sería que todos los alimentos que comamos sean orgánicos, pero estos tienden a ser mucho más caros y no siempre están disponibles. Les advierto que no soy doctor, ni nutricionista. La siguiente lista la he hecho para mí y ahora la comparto con ustedes. Son frutas y verduras que deben ser orgánicas, ya que las alternativas producidas en masa llevan mayor cantidad de pesticidas y fertilizantes químicos:

DEBEN SER ORGÁNICOS:

★ **Las manzanas**, pueden tener más de cuarenta químicos diferentes y, dado que se comen generalmente con la cáscara, son más dañinas. ¡Irónicamente, la mayoría de los nutrientes de las frutas y verduras están en la cáscara!

★ **Las uvas**, al igual que las manzanas, se meten en la boca con cáscara y todo.

★ **El apio**, como la mayoría de las hortalizas que crecen cerca del suelo, está repleto de sustancias químicas, usualmente más de sesenta.

★ **Las fresas y otras bayas**, también están a nivel del suelo, son propensas a hongos y las rocían con frecuencia.

★ **Los pepinos**. La mayoría de los más de 35 pesticidas que se usan permanecen en la cáscara, así que lávalos y pélalos.

★ **Los melocotones y duraznos**, los plaguicidas incluso llegan a la lata.

★ **Las espinacas, lechugas, coles verdes y rizadas**. Todas esas maravillosas y altamente recomendadas hojas verde oscuro están repletas de productos químicos.

★ **Las papas**. Es el vegetal que más consumimos y puede contener más de 35 plaguicidas.

★ **Los tomates**. Al igual que los pepinos, incontables productos químicos se quedan en la cáscara... ¡la cual comemos!

Y aquí algunas sorpresas:

★ **Chocolate y café**. Se cultivan con mayor frecuencia en países del tercer mundo, sin leyes sobre uso de químicos agrícolas. Soy una de esas personas raras a las que no les gusta el chocolate, pero en cuanto al café, no puedo vivir sin él. El café y el chocolate orgánico se están abriendo paso en los estantes de los mercados.

★ **Vino**. Con el furor global del vino, bebemos vinos de todo el mundo. Las uvas están entre las frutas más cultivadas con pesticidas. Ahora hay muchos vinos orgánicos en el mercado.

★ **Leche**. Consumimos mucha, y se produce en fincas altamente industrializadas, excepto la orgánica. Los químicos y las hormonas usadas en el ganado llegan a la leche. Bebe leche orgánica o, mejor aún, usa leche a base de plantas. Yo solo tomo leche de almendras por razones de salud y ecológicas.

Pero ¡no te preocupes! Aquí hay productos más "seguros", que no necesariamente tienen que ser orgánicos.

★ Mango
★ Aguacate
★ Maíz dulce
★ Piña
★ Repollo
★ Guisantes dulces (congelados)
★ Cebolla
★ Espárrago
★ Papaya
★ Kiwi
★ Berenjena
★ Pomelo
★ Coliflor
★ Papas dulces

Voy a compartirte un gran consejo que recibí de Meryl Streep, una verdadera súpermujer. **Para deshacerte de los químicos en las frutas y verduras, lávalas durante diez minutos.** Pero ¿quién tiene tiempo para eso? Así que Meryl sugiere ponerlas en el lavavajillas. El apio, las zanahorias y los espárragos pueden ir en el compartimento de los cubiertos, el resto se acomoda fácilmente. Las bayas y frutas pequeñas puedes dejarlas en sus envases de plástico, con las tapas abiertas.

Coloca el lavavajillas en modo de enjuague con agua fría y enciéndelo. Asegúrate de sacar las frutas y verduras de las bandejas y deja que se sequen al aire. No es aconsejable mantener húmedas las verduras de hojas, como la lechuga, la col rizada y la espinaca. Es mejor secarlas en una centrifugadora. ¡Gracias, Miss Streep! No solo eres la actriz más nominada al Oscar, con un récord de 21 nominaciones, tres Oscars y ocho Globos de Oro, sino también una verdadera mujer extraordinaria... ¡te adoramos, Meryl!

La comida, más que nada, reúne a la gente, especialmente a las familias, pero también a amigos y socios de negocios. **Hay una sensación básica de camaradería cuando compartimos el "pan de cada día",** ¡así que hagamos de cada comida lo mejor!

¡Recuerda siempre!

★ Cuando comas solo en un restaurante, siéntate en la barra.
★ Busca restaurantes en www.foodnetwork.com
★ Cuando se trata de restaurantes y bares, el "boca a boca" y las sugerencias de tus amigos son siempre mejores.
★ Conoce un restaurante de moda yendo a tomar el té o el café en medio de la tarde.
★ Revisa y toma una foto del menú.
★ Trata de conocer al gerente y/o *maître*. Apréndete sus nombres.
★ Pasa tu tarjeta de crédito y propina del 20% ANTES de la comida.
★ Observa los modales en la mesa.
★ Aprende a usar palillos chinos en *YouTube*.
★ En restaurantes asiáticos, no te limpies los dientes sin cubrirte la boca.
★ Las comidas caseras son siempre las mejores.
★ Atiende almuerzos de negocios en casa.
★ Contrata ayuda si es necesario mientras te diviertes.
★ "Falsifica" tu cocina con restaurantes cercanos que hagan *catering*.
★ Recuerda brindar y agradecer al anfitrión y a tus clientes
★ Busca en *Google* Dr. Masaru Emoto, para una maravillosa lección sobre el agua.

★ Haz tu propio aderezo para ensaladas.

★ Todo lo blanco es ahora marrón: arroz, pasta, azúcar, pan e inclusive los amigos.

★ Consume menos azúcar y nunca Splenda. Escoge Stevia si debes usar un endulzante artificial.

★ Trata de consumir solo productos orgánicos, recuerda las listas de los alimentos que deben ser orgánicos.

¡Bon appétit! ¡Buen provecho!

"Recuerda, el sexo es como una cena china.
Al final, a cada uno le corresponde su galleta de la suerte".
-Alec Baldwin

Capítulo
SIETE

DGC

Ocio y diversión

*"La moderación es algo fatal. Nada
es tan bueno como el exceso"*
-Oscar Wilde

■*Una de mis cosas favoritas en el mundo es hacer una gran fiesta! Soy un VIF (Very Important Faggot,* "maricón muy importante", como tan brillantemente nos describió Tom Wolf en su *best seller, La hoguera de las vanidades,* pro lo tanto debo ser un experto en entretenimiento para cada ocasión. Anteriormente revelé cómo ser un experto en comidas en restaurantes, bares y en casa. Planificar un evento exitoso, sea una cena, unas copas y tapas o un evento para 200 invitados es realmente un arte en el que soy privilegiadamente talentoso. Te mostraré, paso a paso, cómo ser tú también un experto.

Este es un asunto vasto y complejo y quiero asegurarme de que te conviertas en un verdadero maestro de ceremonias, así que en mi siguiente libro me dedicaré por completo a este maravilloso tema.

Por ahora, aquí están algunas de mis principales reglas y consejos:

Desayuno y *brunch*

> *"Toda la felicidad yace en un desayuno tranquilo"*
> -**John Gunther**

> *"Para mí, el* brunch *es una comida muy versátil, ya que puedes jugar tanto con lo dulce como con lo salado en tus platos".*
> -**Marcus Samuelsson**

¡Qué acertados están los dos, John y Marcus! **Todos los nutricionistas insisten en que ésta, la primera comida, es la más importante del día,** y no podría estar más de acuerdo. También puede ser la más sabrosa.

Una comida completa por la mañana es para mí la manera más fácil de perder o mantener mi peso, así como mi nivel de energía durante todo el día. Apuesto a que también experimentarás eso si, como yo, consumes dos vasos grandes de agua, fruta fresca, cereales, pan con mucha fibra, mantequilla o queso crema y mermelada, un huevo y café con leche -*latte* en jerga de Starbucks-. Puedes entonces comer un almuerzo ligero e incluso una cena aún más ligera. Dice el dicho; *"Desayuna como un rey, almuerza como un príncipe y cena como un mendigo".*

Para ser el anfitrión de un desayuno o *brunch* (o cualquier comida), es importante planear con anticipación. No sé tú, pero mis mañanas pueden ser un poco "nebulosas" hasta mi primer cafetazo cubano, y nadie quiere su café o huevos fríos. Esta es la comida donde el tiempo y la sincronización son esenciales. Te voy a enseñar mi manera de hacerlo. Por favor, tómala como un punto de partida y crea la tuya con tus recetas favoritas.

Como los cubanos tomamos café con leche, con café espresso y leche caliente, hago suficiente café, sin azúcar, antes de tiempo y lo guardo en un termo. En otro termo que haga juego, guardo la leche caliente y los coloco en la mesa. Tanto la leche como el café permanecerán calientes y los huéspedes podrán hacer su propia mezcla de café con leche. A los cubanos también nos gusta tomar un poco de espresso al final de cualquier comida, especialmente al desayuno.

Exprime las naranjas la noche anterior y pon el zumo en una jarra de cristal (¡nunca de plástico!) en la nevera. Asegúrate de removerlo antes de servir. ¡No hay sustituto para el zumo de naranja fresco!

Me gusta servir los huevos de dos maneras, dependiendo de los huéspedes: Revueltos solo con cebolla blanca (los *omelettes* tienen demasiados ingredientes para mí, prefiero sabores más simples), o una tortilla de banano, que suele ser, después de algunas dudas, la favorita. Es una receta de mi infancia cubana: Utiliza bananos muy maduros, que tengan pecas, y córtalos en ruedas delgadas. Añade a los huevos revueltos y cocina como una tortilla regular a fuego muy bajo. ¡El fuego alto es el peor enemigo de un cocinero!

El secreto para que los huevos y las tortillas queden esponjosos es agregarles una cucharadita de mezcla de pancake por cada dos huevos y, justo antes de retirar los huevos de la llama baja, salpicarles un poco de agua y tapar rápidamente la cacerola. El vapor elevará los huevos, haciéndolos suaves y esponjosos.

Un tazón de fruta fresca es imprescindible en la mañana. Puedes comprarla ya cortada en la tienda. Me gusta añadirle frutas inesperadas a la ensalada, como mango y papayuela (fruta de estrella), que son bonitas y deliciosas.

El clásico pan baguette fresco, siempre de trigo integral, es una constante en mi mesa, y también debe ser servido caliente. Lo cortas por la mitad a lo largo y luego en trozos de cinco centímetros. Ajusta el horno a "medio" y, una vez que el horno se caliente, pon el pan de 2 a 3 minutos, no más, no querrás que se ponga demasiado duro o tostado.

¡He aquí cómo hacer las tostadas francesas más deliciosas!: **Utiliza *croissants* frescos en lugar de pan.** Estas tostadas verdaderamente francesas (¿qué podría ser más francés que los *croissants*?), no son para aquellos que cuentan las calorías, ¡pero valen la pena! Ponles jarabe de maple de verdad generosamente. Aléjate de las marcas comerciales, que son más baratas, pero son en su mayoría azúcar, jarabe de maíz y productos químicos.

Asegúrate de tener una jarra de agua fría y vasos para cada comensal. También es importante para hidratarse en la mañana, especialmente después de un delicioso dulce.

Si el tiempo lo permite, **el desayuno y *brunch* se disfrutan mejor al aire libre en un patio, porche o balcón.** Pero no sacrifiques comodidad por ubicación; si el clima está demasiado caliente, frío o húmedo para disfrutar de la compañía al aire libre, quédate adentro.

Almuerzo

> *"No preguntes lo que puedes hacer por tu país.*
> *Pregunta qué hay para el almuerzo"*
> **-Orson Welles**

Para mucha gente, el almuerzo se ha convertido en un sándwich o una hamburguesa y un refresco de lata, consumidos de afán en su escritorio, o mucho peor, en su auto. ¡Una verdadera abominación! **Las culturas que se toman su tiempo para una comida de medio día y una siesta son mucho más productivas por la tarde.**

En California, las reglas de los sindicatos establecen que el almuerzo debe ser al menos de una hora. Cuando filmaba allá, solía escabullirme antes de la comida, agarraba un *furni pad* (mantas que se usan para mudanzas y que son muy comunes en la industria cinematográfica), buscaba un lugar tranquilo y tomaba una siesta. Luego la chica del buffet me despertaba con una taza fresca de café cubano y entonces, listo para gritar "¡Acción!"

A menudo ofrezco almuerzos de negocios en mi casa en Miami. Les pido a mis invitados que liberen su horario hasta las 3:30 o incluso las 4:00 p.m. Disfrutamos de una comida placentera, nos vamos a la sala de estar y tomamos café espresso, dos veces, fumamos habanos en la terraza (los que los preferimos) y tenemos maravillosas y relajadas conversaciones, ideales para tomar grandes decisiones de negocios, hacer alianzas y tratos. Hay un arte en esto, y tiene un nombre - sobremesa. Nacida en España y regularmente practicada en América Latina, este es el largo y prolongado tiempo en que los amigos y las familias comparten, a veces durante horas, después de una comida.

Me encanta cocinar, (¡y muchas veces hago trampas!) y a menudo lo hago. Mis invitados siempre están encantados, ya que estos **"almuerzos" y mi casa son un oasis de interacción civilizada, especialmente en nuestra sociedad vertiginosa donde se almuerza a la carrera.** Recomiendo que si vas a recibir más de cuatro personas, contrates ayuda. Alguien que te asista en la cocina y, lo más importante, que sirva y limpie. Desearás poder dedicar toda tu atención a tus invitados.

Averigua si alguno de tus invitados tiene requerimientos especiales en alimentos. Por ejemplo, si vas a recibir invitados de la fe judaica, no sirvas carne de cerdo o mariscos (¡como me pasó una vez, qué pena!). Otros no comen carne de ternera, res, o aves, como yo. Pero si tienes un invitado vegano, te sugiero que compres fuera lo de esa persona, ya que una verdadera dieta vegana es muy exigente. Además, infórmate de las alergias a los alimentos, nueces, mariscos, ¡incluso huevos y demás, ya que estas pueden ser mortales! Muchas personas son vegetarianas, o "pescarianas" algo que se me ocurrió; brillante, ¿no? Yo solo como pescado y "frutos del mar", mariscos.

Tengo un juego completo de platos esmaltados que he conseguido en mis viajes. Me recuerdan la casa de mi abuela en Cuba y a la mayoría de mis invitados les evocan recuerdos de infancia. Las vajillas artesanales pueden tener el mismo efecto. El uso de este tipo de platos crea **una atmósfera informal que ayuda a sentirse más relajado.** Así es como quiero que mis huéspedes se sientan, ¡y los tuyos también!

¡Gozo de delirio por lo dulce y mis caries lo comprueban! Tengo más puentes, coronas y canales en mi boca que Venecia. Los postres son una parte importante de mis comidas. Puedes comprar exquisitos postres hechos en panaderías, incluso en el súper mercado. Para una comida especial haría uno de mis famosos flanes. Estos pueden ser sencillos, que si se hacen bien son deliciosos. Mi favorito es el de café, con café cubano y Kalúa, un licor de café. Tendrás que esperar la receta en mi libro de cocina. Estos deliciosos postres se combinan perfectamente bien con el café cubano caliente, servido en las típicas tacitas de espresso. El flan debe descansar durante 24 horas para lograr la textura perfecta, así que lo hago el día anterior y lo pongo en la nevera.

Para los invitados especiales hago dos flanes, uno para comer de postre después de la comida y el otro cortado en tajadas para llevar. ¡Te adorarán por eso en la mesa y mañana también!

Cena

"La parte más esencial de mi día es una buena cena"
-Rachael Ray

De nuevo, (¡debo sonar como un disco rallado!) planea con anticipación, para que puedas relajarte y disfrutar de la noche. Tus invitados sentirán tu estado de ánimo y, si te tensionas, la noche será un fracaso. Mantén el menú simple, contrata ayuda y compra la comida hecha si no quieres o no puedes cocinar.

Este es el momento de sacar la buena vajilla, cubiertos, cristalería, mantel de tela y servilletas. Asegúrate de que estén en buenas condiciones, limpios y completos, para que haya suficientes para todos tus invitados. Saca todo, unos días antes, para darte tiempo suficiente para reemplazar algo que falte y conseguir algo extra que puedas necesitar. El día previo al evento, compra y coloca flores frescas en toda la casa, incluyendo el baño de visitas.

Cocina y prepara todo lo que se pueda hacer de antemano, esto te dará la oportunidad de salir por un ingrediente que hayas olvidado y disfrutar del tiempo en la cocina. **Para mí la cocina es terapéutica, pongo buena música según mi estado de ánimo y disfruto de una copa de vino.** Prefiero tener el control del menú, así que normalmente me encargo de todo y cortésmente declino que me traigan algo. Si es un asunto informal y tienes un amigo que hace una estupenda ensalada o acompañamiento, ¿por qué no dejar que lo traiga?

Recuerda estar al tanto de las alergias alimentarias, observancias religiosas y restricciones dietéticas. Ten suficiente comida para tres personas más de lo esperado. Tus invitados podrán disfrutar de los restos para llevar y podrás quedarte muchas sobras. Un invitado inesperado puede ser un valor agregado para cualquier comida. **No experimentes con el menú, cocina un plato que domines y mantenlo sencillo.** Evita platos que requieran atención y tiempos precisos, como los *soufflés*.

Como el cineasta que soy, presto especial atención a la iluminación y la música, deben coincidir con el estado de ánimo que quiero establecer. Elige música que no interfiera con la conversación. La música instrumental es ideal. Para mí, la *bossa nova* es una excelente opción: sensual y rítmica. Todas mis luces tienen moduladores, así que las pongo a una intensidad deseada y enciendo unas cuantas velas. Esta es la única vez que uso velas perfumadas solo en el baño, ya que no quiero obstruir los aromas de la comida.

Ofrece solo un par de aperitivos o *hors d'oeuvres*. No querrás estropear el apetito de tus invitados. Un buen queso, el *Brie* es mi favorito, con galletas de soda *Carr* y olivas rellenas son mis aperitivos habituales. **Si puedes, contrata un *barman*, te asegurará que todos tengan las bebidas que quieren.** Esta persona también puede servir como *sommelier* o mesero y llenar los vasos de vino durante la cena. Él o ella también puede asegurarse de que cada invitado se mantenga dentro de sus límites de consumo de alcohol, especialmente "ese amigo" que todos tenemos que no debe beber tanto. ¡Sé que estás pensando en alguien!

El secreto de una gran cena es la mezcla de gente que invitas y el ambiente que creas. **Mi número favorito de invitados a cenar es de seis, pero ocho está bien.** Siempre me gusta invitar a una pareja que es nueva en el grupo. Esto hace que la conversación sea mucho más interesante. Confirma el número de invitados, pero mantente listo para que alguien traiga un compañero "extra". ¡La espontaneidad es una bendición para cualquier reunión!

Después de la cena, traslada la fiesta a una habitación diferente, más adecuada para la conversación o incluso el baile. Me gusta servir café en este ambiente y, después de los vinos de cena, ofrecer licores dulces y coñac. Un buen bar debe tener una buena selección de estos licores: *Amaretto di Saronno*, *Sambuca* o *Anís del Mono* para mí —puedes tener tus favoritos. Los coñacs *Rémy Martin* y *Camus* nunca faltan en mi bar.

Una de las mejores ventajas de contratar ayuda para una cena es no tener que encargarse de los platos, cristalería y ollas sucias en la mañana, o peor, después de que los invitados se van. El día después es para recibir comentarios maravillosos.

Fiesta

Esto es mucho más interesante y consume más tiempo. ¡Soy famoso por mis *fantabulosas* fiestas! Como mencioné al comienzo del capítulo, escribiré un libro entero dedicado al entretenimiento. Por ahora, aquí están algunas de mis reglas generales para una fiesta en grande:

★ **Planear con anticipación te garantizará el éxito.** Como dijo Benjamin Franklin: *"Fracasar en prepararse, es prepararse para fracasar"*. Haz lista de compras, lista de invitados, lista de menús —incluso lista de listas... ¡solo bromeo en lo último! No le dejes nada a la memoria.

★ ¡Son las personas las que hacen una fiesta! Ten un grupo con algo en común, pero incluye algunas personas diferentes para hacer el evento interesante. Pero ten en cuenta que algunas personas de diferentes contextos, como edad, procedencia e incluso etnias, podrían no sentirse cómodas.

★ ¡Utiliza la tecnología! Envía las invitaciones y obtén respuesta utilizando Evite.com. Envía las invitaciones dos semanas antes del evento y un recordatorio el día anterior.

★ **Asegúrate de indicar el código de vestuario en la invitación.** Lo que deseas es que tus invitados se sientan cómodos con lo que van a usar.

★ Si tu invitación dice 7 p.m., tus huéspedes supondrán que habrá comida. Esto significa cena. Ponla a las 8:30 p.m. si solo son copas y pasabocas.

★ **Si haces una fiesta temática, asegúrate de que tus invitados se sientan cómodos.** Las fiestas temáticas, en cuanto a vestido y decoración, son buenas en días festivos: Navidad, Acción de Gracias, San Valentín y especialmente Halloween, cuando los disfraces son la norma. ¡Ten en cuenta que a algunas personas les encanta vestirse formalmente, pero otros lo odian! Si quiero un tema, mantengo una simple temática de "color", blanco, rojo u otro. Blanco y negro es divertido, ¡pero nunca solo negro! Si es una fiesta solo para gays... ¡las cosas pueden ser muy diferentes!

★ **Mantén la decoración sencilla y elegante.** A menos que hayas escogido un tema, solo coloca flores frescas y velas para crear un ambiente maravilloso.

★ **Haz tu fiesta de Navidad el primer fin de semana de diciembre**. Para entonces, la gente ya está con ánimo de celebrar, pero las fiestas privadas y de negocios, por lo general comienzan después del quince de diciembre. Al ser la primera, ¡asegúrate de que sea grande y *fantabulosa*! El resto de las fiestas van a ser comparadas con la tuya... ¡que será la mejor!

★ ¿Quieres matar una fiesta? ¡Ten un cantante! Una cosa es cuando alguien se sienta en el piano y un cantante improvisa un par de canciones. Pero un cantante con un repertorio de cinco o seis canciones obligará a la fiesta a hacer un alto –será difícil retomarla.

★ **La música es el alma de una fiesta, preselecciona una lista de canciones, ten un DJ o música en vivo.** Asegúrate siempre de que la música no esté demasiado alta. Tus invitados quieren conversar y relacionarse, no escuchar un concierto. Más tarde si hay baile, podrás subir el volumen. Si tienes música en vivo, entonces acomoda una pista de baile. **Para los latinos, una fiesta sin baile es un fracaso.**

★ **Ubica la o las barras en la parte de atrás, para que los invitados tengan que cruzar la fiesta para tomar una copa.** Esto les hará conocer amigos en el camino. Poner una barra en la parte delantera podría mantener a tus invitados allí y hacer un cuello de botella. Es buena idea recibir a los invitados en la puerta con una copa de champán con o sin alcohol. Para esto necesitas la ayuda de otra persona.

★ **Siempre contrata a un *barman* para una reunión pequeña, incluso si son solo seis u ocho invitados.** Contrata más *barmans* de acuerdo a la cantidad de invitados. Mi regla de oro: Un *barman* por cada 25 personas. ¡No obligues a tus invitados a hacer fila para tomar una copa! Si tienes comida, incluso si son solo aperitivos, contrata ayuda adicional. Asegúrate de que todo el personal esté uniformado y sea fácilmente identificable.

★ **Si la fiesta es al aire libre, siempre ten un plan B bajo techo.** Podrían ser carpas o, mejor aún, un espacio interior adecuado adyacente al exterior.

★ **Asegúrate de tener la barra llena con marcas de renombre.** Querer ahorrar dinero comprando licores baratos es la peor inversión. Puedes tener una fiesta solo de vino y cerveza o, incluso mejor, de champaña, pero una barra llena realmente ayuda a que la fiesta sea un éxito.

★ Si, como yo, tienes muchos amigos en el programa de Alcohólicos Anónimos, **asegúrate de tener muchas bebidas sin alcohól.** Pueden ser cervezas, vino e incluso champaña. Los refrescos, sodas y jugos de frutas son primordiales.

★ **Ten más hielo del que creas que podrías necesitar.** ¡Se agota rápido en la mayoría de las buenas fiestas!

★ **Enciende velas perfumadas en los baños** y asegúrate de que siempre haya papel higiénico.

★ La mayoría de mis fiestas son mixtas, **esto significa que van heterosexuales y gays.** La mayoría de nosotros vivimos en un mundo mixto. Una excepción fue mi masajista en Miami. Una vez me confesó que las únicas personas heterosexuales que conocía eran sus padres. Pobre muchacho, perdiéndose el otro 89%. ¡Las fiestas mixtas son mucho más divertidas!

★ **Mi forma sutil de comunicarle a mis invitados que la fiesta ha terminado es poner música clásica** y pedir a alguien que comience a apagar las velas.

¡Tú eres la verdadera alma de cualquier fiesta que hagas! Mantente en tu mejor condición, planifica con anticipación, descansa y contrata suficiente ayuda para que puedas relajarte y pasar un buen rato. Esta es la única manera de asegurarte de que todos los demás lo hagan también.

"Nadie mira hacia atrás en su vida y recuerda las noches en que durmió lo suficiente".
-Anónimo

Capítulo
OCHO

DGC

La barra

"Verás, ¿qué es la prisión, en realidad, sino un buen bar gay sin licor?"
- John Waters (otro famoso director gay de cine)

La barra: No la de jabón, ni la que se sobrepasa...

Como el bebedor moderado que soy, ¡con dos copas y ya puedes abusar de mí! Soy muy cuidadoso sobre qué y cuánto bebo. **Es horrible beber en exceso**. Podrías decir o hacer cosas de las que te arrepentirás al día siguiente y, créeme, tengo mucha experiencia en ese departamento. Como si fuera poco, siempre está la temida resaca, ¿no lo crees?

Si estás conduciendo, evita beber del todo, pero si bebes, hazlo con moderación y nunca olvides comer. Ahora, hablando en serio, ¡NUNCA conduzcas borracho! Una infracción por conducir bajo los efectos del alcohol es el menor de tus problemas −las otras consecuencias incluyen la cárcel, perder tu licencia, o peor, ¡la vida!

Los taxis son geniales para salir por la noche, ¡las limusinas, aún mejor! *Uber, Cabify* y *Lyft* son excelentes alternativas. Aquí va mi historia del taxi en Nueva York – todo el que ha estado allá tiene una. **Algo gracioso me sucedió en camino a la ciudad de Nueva York.** Llegué a Nueva York y cogí un taxi desde el aeropuerto LaGuardia hasta Manhattan, y en el camino el taxista me preguntó si podía fumar. Le dije: "Claro, solo abre la ventana". ¡Así que encendió un porro! Me sorprendió mucho, sobre todo cuando me lo ofreció.

Recuerda que todas las bebidas alcohólicas contienen calorías "vacías", es decir que no tienen valor nutricional, y algunas, como el ron e incluso el vino, tienen muchas de ellas, 100 o más por porción. Por lo tanto, si estás contando calorías, toma en serio al alcohol. ¡Buenas noticias! Estudios indican que el consumo moderado de vino tiene beneficios para la salud.

¿Ron, vodka, escocés, tequila, ginebra o absenta?

"Dudo que puedas tener una fiesta verdaderamente exitosa sin licor".
-Carl Sandburg

Ron

"Beber ron antes de las 10 a.m. te hace un pirata, no un alcohólico".
-Earl Dibbles Jr.

Personalmente, soy de tomar ron, preferiblemente añejo, oscuro o envejecido. Lo bebo en las rocas, solo le añado hielo si tiene menos de siete años de añejamiento. Algunos rones más finos, como el Zacapa Centenario de Guatemala, tienen 25 años. Bebo estos rones especiales puros en una copa de brandy. El Zacapa es considerado uno de los mejores rones del mundo.

Estaba en Guatemala en 1979, cuando en una de las bodegas de Ron Botrán descubrieron algunos barriles de ron olvidados. Habían estado ocultos por lo menos veinticinco años. Como resultado, nació el Ron Zacapa Centenario. Ese año, solo se produjeron mil botellas de una edición limitada con una botella cubierta de paja tejida. Tuve el honor de dirigir el comercial para su lanzamiento… ¡el resto es historia de rones!

Sí, el Cuba libre es un cóctel de ron muy popular. Está bien agregarle soda al ron claro, pero añadirle Coca-Cola a un buen trago de añejo es como ponerle leche en polvo a tu café espresso gourmet.

¿Sabes de dónde viene el nombre «Cuba libre»? Cuba ganó su independencia de España en 1898. Una victoria ayudada por los *Rough Riders* estadounidenses liderados por Teddy Roosevelt durante la Guerra Hispanoamericana. Los Estados Unidos ocuparon la isla durante 4 años.

En 1902, los Estados Unidos entregaron el gobierno de la nueva República de la Isla a los cubanos. El ron cubano, en particular el Bacardí de Santiago de Cuba, ya era la bebida nacional. Se mezcló con Coca Cola, una bebida más norteamericana, y rematada con un trozo de limón. Así nació la Cuba libre como la bebida que se usaba entonces para brindar por la nueva república. Sigue siendo una de las favoritas en el mundo.

En 1862 el Ron Bacardí fue fundado en Santiago de Cuba por Facundo Bacardí, un inmigrante de Cataluña, España. El Ron Bacardí es uno de los licores más consumidos a nivel mundial. Después de más de un siglo y medio sigue siendo propiedad de la familia.

Bebidas con ron

★ **Cuba libre**, ya sabes la receta
★ **Mojito**, una bebida tradicional cubana
  o Jarabe simple o azúcar
  o Jugo de lima
  o Yerbabuena fresca
  o Ron
  o Soda blanca

Moler el jarabe o azúcar, el jugo de lima y la yerbabuena en un vaso alto. Añadir el ron y la soda y servir sobre hielo triturado. Me gusta sustituir la soda por sidra (alcohólica) o cava española. Adorna con un tallo de yerbabuena. Esto hace que la bebida sea todo licor y, con el azúcar, todo un "levantafiestas".

★ **Caipiriña,** la bebida nacional de Brasil, tiene una receta similar:
- o   Lima fresca, cortada en pequeños trozos. Asegúrate primero de quitar la médula amarga del centro.
- o   Machaca con azúcar y añade una generosa cantidad de cachaza – un licor de caña de azúcar, similar al ron. ¡Esta receta no lleva soda!

Vodka

"El dinero, como el vodka, vuelve a las personas excéntricas"
-Anton Chekhov

El vodka es la bebida alcohólica más popular. Cerca de la mitad de los países del mundo lo prefieren. El vodka se comercializó originalmente a principios del siglo XX como "ginebra sin sabor, ni olor", ya que la ginebra fue el licor preferido en los rugientes años veinte. El vodka se mezcla bien con cualquier cosa, y es incluso mejor puro cuando se sirve bien frío.

Mantén tu botella de vodka en el congelador, también ahí guardo mi botella de buen ron. Hacerlo no solo lo mantendrá muy frío, también le dará una viscosidad maravillosa con apariencia y textura de "jarabe". Al servir, me gusta colocar la botella de vodka en un bloque de hielo. Le da un aspecto elegante. Simplemente, agarra un cartón de leche, corta la parte superior, mete la botella de vodka, rellena la caja con agua y congélala.

Hay un montón de marcas, y cada una dice ser especial o la mejor. Antes de la manía del vodka, que comenzó en los años 80, el *Smirnoff* era el más popular y casi el único ampliamente disponible. Luego vinieron los rusos con *Stolichnaya* -"Stoli" para los conocedores-, los fineses con Finlandia, y los suecos con el muy popular Absolut. Decenas de países, incluido Japón, se han unido a la fiebre del vodka. El *Grey Goose*, originariamente francés, entró en vigor en el nuevo milenio.

Cocteles de vodka

★ El siempre popular **Bloody Mary,** que se originó en el King Cole bar en el hotel St. Regis en Nueva York. Esta bebida varía según el gusto.
- o Usa un vaso alto
- o Pon 2 onzas de Vodka
- o Añade la mezcla *Bloody Mary*: salsa picante Tabasco, salsa Worcestershire, sal y pimienta.
- o Adorna con un tallo de apio.

Vodka Martini -¡SÍ! Sacudido, no agitado a la James Bond

★ **Madrás** - Zumo de naranja y arándano, vodka e hielo. ¡Muy refrescante!

★ **Greyhound** - Vodka y zumo de pomelo sobre hielo.

Tequila

> *"El buen tequila no necesita rueditas de entrenamiento"*
> *-Anónimo*

Ese maravilloso elixir de Quetzalcóatl, la divina serpiente emplumada de los mayas. He pasado tiempo en México y hay dos cosas que aprendes allí: a comer chiles calientes y beber tequila.

Desecha ese ritual absurdo de la sal, tumbándote un trago de golpe y chupando limón. Estoy convencido de que este método fue creado para ocultar el sabor del tequila barato, lo que me lleva a aconsejarte a beber SOLO buen tequila. Olvídate del gusano, que es un truco de *marketing* para los turistas, y ya tú sabes mejor que eso. **¡El buen tequila se sorbe, nunca se traga de golpe!**

El tequila José Cuervo ha existido desde 1795. Su tequila 1800 no es nada malo. Hay otros tequilas muy finos y caros. El Patrón es probablemente el más popular y el Don Julio también es genial. El Herradura lleva mucho en el top, pero son todos muy caros. Yo prefiero el Gran Centenario Añejo: delicioso, suave y de precio moderado.

Hay 5 tipos diferentes de tequila:

1. **Tequila blanco o plata**. La forma de licor más pura y clara del *Agave Tequilana*.

2. **Tequila dorado o joven**. Estos jóvenes tequilas son más económicos y se utilizan en muchos bares y restaurantes para mezclar.

3. **Tequila reposado**. Este se madura en barriles de madera de dos a once meses.

4. **Tequila añejo**. Si es envejecido por al menos un año, puede ser clasificado como "Añejo". Este tequila es más oscuro, con un sabor más suave y rico.

5. **Tequila extra añejo**. ¡Mi favorito! Una nueva clasificación desde 2006. Sigue el mismo protocolo del Añejo, pero debe tener por lo menos tres años para ser etiquetado "Extra Añejo".

Estas son mis dos maneras favoritas de beber tequila que aprendí en México.

★ **Bandera**. Con sus colores verde, blanco y rojo, inspirados en la bandera mexicana.
- o   Usa tres vasitos de *shots*: Uno con tequila blanco; el segundo con jugo de limón verde y el tercero con "Sangrita", rojo, la versión más potente de México de una mezcla *Bloody Mary* para el rojo.

Beber esto toma tiempo, ya que hay que alternar sorbos de los tres vasos.

★ **Petróleo**. Esta es una deliciosa alternativa al *Bloody Mary*, como una bebida para la "mañana siguiente" o el *brunch* del domingo.
- o   Exprime el zumo de medio limón.
- o   Añade salsa *Maggi* al gusto. La salsa *Worcestershire* te servirá también.
- o   Una onza de tequila en las rocas.

Sabe a carnoso y es delicioso. Un éxito en cualquier fiesta.

Solo te daré las recetas de las bebidas que prefiero. Tú puedes encontrar otras por tu cuenta. Por favor, ¡no me guardes rencor!

Whisky escocés

*"Felicidad es tener un filete término medio, una botella de **whisky** y un perro que se coma el filete".*
-Johnny Carson

Este licor, aunque muy popular, nunca ha sido de mi gusto. **Como en la mayoría de los licores y conmigo, el escocés mejora con la edad.** Por lo tanto, hay categorías y precios de 5, 7, 10, 12 e incluso 25 años. Solo el *whisky* hecho en Escocia se puede llamar escocés, aunque esta regla es a menudo ignorada. La tradición escocesa se remonta a 1495.

Luego están los de malta simple que, como su nombre sugiere, no están mezclados, como la mayoría de whiskies escoceses en el mercado. Su precio puede variar entre $55 a más de $600 dólares. Esta es una bebida para el verdadero conocedor.

Pero hay muchas otras marcas excelentes y menos costosas, que esperan ser conocidas. El escocés también es mejor disfrutarlo en las rocas o con soda. Al igual que el ron, a algunos consumidores serios les encanta beberlo puro, sin hielo. Hay algunos cocteles escoceses tradicionales como el *Old Fashioned, Rusty Nail* y *Rob Roy*.

Bourbon

"El Rey Bourbon fue el primer embajador de la razón y la felicidad humana".
-Heinrich Mann

El *bourbon* es *whisky* producido en los Estados Unidos y Canadá, con una disciplina similar a la de su "hermano" escocés.

Algunos cocteles populares y sabrosos de *bourbon* son el *Whisky Sour* y el Julepe de menta.

Ginebra

"Yo ejercito un fuerte dominio propio, nunca bebo nada más fuerte que la ginebra antes del desayuno"
-W.C. Fields

El *gin* está teniendo un gran regreso. Después de décadas de ser considerado una bebida de abuelos, la gente ha redescubierto sus encantos. En Europa, especialmente en España, se ha convertido en la bebida preferida. Los bares de lujo deben adornar un *Gin Tonic* adecuadamente con semillas de enebro secas, que son, de hecho, de lo que se hace la ginebra. Déjalas suavizar en el vaso durante unos minutos y muérdelas para liberar ese sabor delicioso y peculiar de la ginebra. Para mí, un *Gin Tonic*, adornado con un trozo de limón y enebros, es la bebida perfecta para antes de la cena. Pero ten en cuenta, su sabor perfumado se quedará en tu aliento y, si bebes bastante, ¡tendrás gases de *gin* a la mañana siguiente!

Hay algunos *gins* exóticos y maravillosos como el escocés The Botanist y el muy inglés Berry Bros. & Rudd No. *3 London Dry Gin*. El *Tanqueray* es la marca más conocida de este licor, así como el muy popular *Bombay Sapphire*.

El verdadero *Martini* está hecho con *gin*, no con vodka. Otros cocteles populares son *Gin and Tonic*, *Tom Collins* y el delicioso y casi letal Té helado Long Island.

Vino

"El vino es una prueba constante de que Dios nos ama y quiere vernos felices".
-Benjamin Franklin

Empecé a escribir un capítulo sobre el vino pero, cuando llegué a la página 25, decidí que merecía su propio libro. Te sugiero que hagas como yo y escojas un vino favorito de cada categoría −eso podría requerir mucha exploración-, o puedes aceptar mi consejo.

Carta de vinos

Voy a compartirte una lista de excelentes vinos que son accesibles en precio y están disponibles en el mercado:

Rojo:
Marques de Caseres: Rioja, Spain
Color rojo púrpura intenso. Complejos aromas de moras con toques de roble. Suave y equilibrado con notas de especies y café.

Beaujolais Nouveau. Francia.
Nouveau significa nuevo. Es color rojo afrutado. Se fermenta durante pocas semanas. Siempre se lanza el tercer jueves de noviembre, así que es perfecto para la cena de Acción de Gracias. Siempre compro una caja para consumirlo en poco tiempo.

Blanco:
Louis Jadot Pouilly-Fuissé. Francia
Producido en la subregión *Mâconnais* de Borgoña a partir de uvas *Chardonnay*. ¡Con este delicioso vino blanco vas a lo seguro!

Rosado:
Peñascal Vino de Aguja Rosado. Valladolid, España.
Hecho de uvas Tempranillo, este vino tiene la cantidad justa de efervescencia para hacerlo especial. De precio accesible y uno de mis favoritos.

Champán:
Moët & Chandon Impérial. Francia
Este es un champán icónico, producido desde 1869, que encarna el estilo único de *Moët & Chandon*, que se distingue por su brillante frutosidad y su seductor gusto.

Cava (espumoso español):
Segura Viudas Reserva Heredad. Este espumoso español puede igualarse a los mejores champanes franceses.

Aquí tengo que incluir la sangría, aunque sea una mezcla de vino, soda clara y frutas. **La sangría es una de las bebidas más versátiles, refrescantes y deliciosas para acompañar cualquier comida, especialmente en verano.** La sangría es generalmente roja, pero puedes hacer versiones blancas con vino blanco, obviamente. También, puedes variar las frutas cambiando así el favor a tu gusto. Tradicionalmente se elabora con cítricos: naranja, limón, pomelo y mandarina pero también se le puede agregar manzana, pera, piña, kiwi o cualquier otra fruta exótica de tu elección... ¡Sé creativo!

Los colombianos tienen una maravillosa Sangría de cerveza llamada "Refajo". Se hace con cerveza y soda y, opcionalmente, frutas... ¡delicioso y refrescante!

En el bar

"Bebo para ver a la gente más interesante".
-Ernest Hemingway

Yo fui mesero y barman durante mis días de universidad.¡Sí, atendí mesas y el bar y fui muy bueno en eso! Es una de las razones por las que siempre doy buenas propinas.

Son increíbles las cosas que la gente te dice en un bar. Una de las cosas que aprendí fue a mejorar la suerte de alguien en una cita, por lo general en la primera. Probablemente ahora esto sea contra la ley, pero en ese entonces no existían conceptos tales como acoso sexual o incorrección política.

He aquí algunos consejos desde el "otro lado" de la barra:

1- Si vas a mezclar licor y gaseosa, no pidas alcohol del estante superior – las botellas caras-; no serás capaz de diferenciar el tipo de escocés o de cualquier otro licor si lo mezclas con soda saborizada. Esto me sucedió cuando un cliente pidió *Chivas Regal* con *Coca Cola*. Entonces, para impresionar a su cita, rechazó la bebida diciendo que "no era *Chivas*", ¡afortunadamente para mí, era el ÚNICO escocés que servíamos!

2- Por favor, no le pidas al mesero que "lo sirva fuerte", esto solo indicará que eres demasiado tacaño para pedir uno doble. Me tocaron muchos de esos. Yo solo añadía más mezclador o hielo.

3- Los clientes, en su mayoría hombres, que querían embriagar a sus citas con la primera bebida, pedían, con un guiño, una bebida especial. La nuestra se llamaba el de "la repisa superior", una mezcla de todos los licores fuertes en ese estante que, milagrosamente, sabía como una inocente limonada. Otros nombres para el mismo brebaje son el infame *Té helado Long Island* y el *Kamikaze*. ¡Uno de esos y ....!

Uno de mis pasatiempos favoritos en una barra es observar a la gente. Cuando un cliente, ya sea hombre, mujer o algo intermedio, se acerca a la barra, lo que él o ella pida para beber va a definir qué tipo de persona es.

He compilado mi tabla sobre cómo perfilar y clasificar a las personas, de acuerdo a lo que piden en la barra. Aquí la comparto contigo. Recuerda que esto no es científico. Es más bien un ejercicio caprichoso, como yo.

Quién bebe qué:

★ **Martini seco** = Tradicional, rígido, aburrido.

★ **Martini sucio** (llamado así por llevar el jugo de oliva del pomo) = arriesgado, poco convencional, humorístico.

★ *Apple* **Martini** (o cualquier trago afrutado) = moderno, divertido, una bebida gay.

★ *Johnnie Walker Black*, puro o en las rocas = "Tengo dinero", probablemente un nuevo rico. Por lo general, la bebida de un hombre.

★ **Escocés de malta simple, puro** = Conocedor, serio con su bebida.

★ *Gin and Tonic* = Seguro, individualista, podría pagar toda la cuenta.

★ **Vodka** *Tonic* = Joven, sin imaginación, sigue a la multitud.

★ **Ron oscuro puro** = Aventurero, sofisticado, pero accesible y aterrizado... ¡Creo que acabo de describirme a mí mismo!

★ **Ron y** *Coca Cola* = OK.

★ **Ron oscuro y** *Coca Cola* = ¿*Coca Cola*? ¿En serio? Le gusta arruinar un buen ron. Poco imaginativo, indeciso, va con la multitud.

★ **Ron y** *Coca Cola* **de dieta** = ¡Una tonta! Cariño, ya de por sí hay cien calorías en un trago de ron.

★ **Margarita en las rocas** = alguien "de mundo", con prisa de emborracharse.

★ **Margarita frapé** = Ignorante, quiere impresionar. Por lo general, la bebida de una chica sin idea de bebidas.

★ **Vaso de vino blanco** = Atascado en los años 90

★ **Vaso de vino tinto** = Atascado en los años 2000

★ **Vaso de vino rosado** = Mirando hacia el futuro. ¡Me encanta el rosado! Especialmente los que tienen un poco de burbujeo, como el ya mencionado **Peñascal Vino de Aguja Rosado** de España.

★ Cerveza **Stella Artois** = Sofisticado, despreocupado, podría ser "bi".

★ Cerveza **Budweiser** = ¡Gentuza!

★ **Perrier** = Recuperándose del alcoholismo

★ **Agua en botella de plástico** = ¡Desconsiderado, asesino del planeta!

Te invito a que hagas tu perfil y lista. Seamos sinceros, sentarse solo en un bar es el momento perfecto no solo para mirar gente, sino también para estudiar a los demás, clasificándolos no solo por lo que piden, sino también por el sexo, edad, lo que visten, el tipo de reloj que llevan, con qué frecuencia lo miran, etc. ¿Están solos o esperando a alguien? ¿Llega a aparecer esa persona? Los bares de aeropuerto son especialmente buenos para aplicar esta divertida forma de matar el tiempo, especialmente cuando tu vuelo se retrasa. Es mejor que tratar de lucir ocupado con tu *Smartphone*.

¡Cárgalo a mi Platinum American Express!

"El karma es como las tarjetas de crédito, disfruta ahora, pero paga más adelante"
-Anónimo

"Propina" no es una ciudad de Italia. Siempre da una de al menos el 20% en un bar. Al igual que en un restaurante, si has recibido un buen servicio del *barman*, y esto podría ser simplemente una sonrisa en un bar muy concurrido.

Asegúrate de darle una propina visible, o mejor aún, dásela en la mano, aún si hay un frasco de propinas. Si te preguntan si deseas abrir una cuenta, hazlo si vas a tomar varios tragos o estás con un grupo y estás dispuesto a pagar la factura. De lo contrario, no. Si decides abrir una cuenta, dile enseguida al camarero que añada el 20% a la cuenta. Créeme, ¡recibirás un gran servicio!

Me encanta viajar por España porque nunca tienes que sentarte a comer. ¿Tienes hambre? Entra a cualquier bar agradable –hay por lo menos dos en cada manzana- y pide una "caña" –cerveza de barril- y un par de tapas, que podrían ser desde jamón serrano y queso manchego en un trozo de pan, hasta camarones con ajo o incluso un huevo hervido en escabeche.

No puedo olvidar la deliciosa y siempre disponible tortilla española, una especie de torta de papa y huevo. Una tortilla, en España, significa *omelet*, un poco diferente de México y América Central, donde es un pan plano de harina de maíz. La mayoría de la gente sabe esto, ya que la comida mexicana se ha apoderado de América... ¡Suena a *Taco Bell*! Por cierto, para los cubanos la "tortilla" significa el acto sexual lésbico. Esto puede resultar divertido al pedir el desayuno, pues también significa "tortilla", como en España.

Tengo una anécdota de los ochenta cuando acababan de lanzar la Platinum Amex. Estábamos en Oviedo, capital de la norteña provincia española de Asturias, una ciudad muy antigua con un maravilloso centro gótico, y que había estado de fiesta todo el día en honor a San Mateo. Yo estaba cansado y hambriento, así que le dije a mi compañero que fuéramos a comer algo rico. Una buena amiga, Rochy Llaneza, me había recomendado el mejor restaurante de Oviedo, esto fue mucho antes de *Siri*, las aplicaciones para *Smartphone* o la Internet.

Ella no exageraba, el lugar era exquisito y probablemente tuvimos una de las mejores comidas de nuestras vidas. Como era a mediados de los años ochenta, yo tenía el pelo largo, llevábamos vaqueros y, con el sudor de un día de diversión y bebida, no encajábamos con el resto de la muy elegante y bien vestida clientela. Recibimos un servicio amable pero distante. Nuestro mesero mantuvo una distancia que decía "ustedes no pertenecen aquí".

Cuando llegó el momento de pagar la altísima cuenta, presenté mi tarjeta *Platinum Amex*. Entonces el dueño vino a saludarnos para saber cómo había estado la comida. Seguramente era la primera *Platinum American Express* que había visto. Yo, con mi habitual honestidad brutal y actitud bromista, le dije la verdad: "Tuvimos, posiblemente, la mejor cena de la vida, pero no el mejor servicio. Por favor, traten a todos sus clientes con la misma cortesía y galantería, pues nunca se sabe quién va a tener una *Platinum*. Lanzamos una buena carcajada y, de cortesía, nos envió un delicioso licor para la sobremesa.

"La diferencia entre el amor y el plástico, es que el plástico dura para siempre "
-Luis Palomo

Siempre solicita, no solo pidas, que te sirvan en un vaso que sea de vidrio. Si al principio no lo tienen, pronto aparecerá uno. ¡También diles que no te traigan absorbente! ¡Solo en los Estados Unidos se usan 500 millones de absorbentes todos los días! ¿Sabías que usarlos causa arrugas prematuras alrededor de los labios?

¡Que dulzura!

"Me siento a mi puerta a fumar un cigarrillo y beber mi absenta, y disfruto cada día".
-Henri de Toulouse-Lautrec

Las bebidas azucaradas emborrachan más rápidamente. El azúcar acelera la asimilación del alcohol en el torrente sanguíneo. Es por eso que el Mojito, que los cubanos han disfrutado durante décadas y la Caipirinha de Brasil son tan populares. ¡Hablando de aumentar la asimilación del alcohol!

Posiblemente, la bebida azucarada más potente y algo extraña sea la absenta. Este licor fue el favorito del movimiento bohemio durante la *Belle Époque* en París durante la vuelta del siglo XIX al XX. Esta época fue popularizada en la película de 2001, *Moulin Rouge* que lleva el nombre del famoso cabaret parisiense. La película tiene un maravilloso número musical sobre la absenta, con un hada verde, un homenaje al popular apodo de la bebida: la "Diosa Verde".

Este licor de color esmeralda te dará un "vuelo alucinante" –realmente lo hace-. ¡He tenido muchas fiestas de absenta y han sido memorables! La bebida estuvo prohibida en los Estados Unidos durante la mayor parte del siglo XX y tuvo que ser modificada para que ahora pudiera ser legal. Se elabora a partir de la esencia de una hierba de la familia *Cannabis Sativa*, alias marihuana.

El ritual de consumo de absenta requiere una cuchara especial con pequeños agujeros que sontiene un cubo de azúcar. La bebida se vierte lentamente sobre el azúcar, seguido por un vertido similar de agua helada, y poco después... ¡BOOM!

Se dice que fue la bebida favorita de Henri de Toulouse-Lautrec, el famoso enano pintor del *Moulin Rouge*, así como de otros artistas e intelectuales de la época como *Picasso*, *Renoir* y *Modigliani*. Escritores y hombres de letras también visitaron a la Diosa Verde. El más notable de ellos, Oscar Wilde, ¡la razón por la que empecé a beberla!, y Ernest Hemingway, que la incluyó en las tramas de muchas de sus obras, entre ellas su famosa, *Por quién doblan las campanas*.

Alcohólicos Anónimos y Narcóticos Anónimos

"A veces las personas con el peor pasado terminan creando el mejor futuro".
-Umar bin al Khattab

Vamos a ponernos serios. **El alcohol puede ser extremadamente adictivo.** No todo el mundo es tan afortunado como yo que no tengo una personalidad adictiva, ¡gracias a Dios! No soy adicto a nada, excepto al café espresso. Ni siquiera al tabaco, el cual disfruto como buen cubano, en un habano, pero solo en ocasiones especiales.

He visto a muchos amigos y sus familias sufrir de drogadicción y alcoholismo. ¡Si piensas que tienes un problema de adicción, entonces seguro lo tienes! Consigue ayuda. Alcohólicos Anónimos (AA) y Narcóticos Anónimos (NA) realmente pueden ayudar.

Por cierto, soy miembro honorario de AA y NA. De las décadas locas de la droga de los años setenta y ochenta. Algunos sobrevivientes ahora son sobre todo AA y NA, como son algunos de mis amigos cercanos. He asistido a reuniones de grupo abiertas, como aniversarios, que son verdaderos hitos para los adictos.

¡Incluso asistí a una convención, que era tan barata, que no pude dejarla pasar! Nos dieron una oferta estupenda de hotel ya que miles de miembros de NA ocuparon varios hoteles en Bogotá, Colombia. Disfruté de una cerveza durante almuerzo y de una copa de vino en la cena. Esto atrajo hacia mí miradas muy inquisitivas y asqueadas de los asistentes.

Cansado de que me miraran y de tener que explicar mi situación inusual, dije: "¡No soy un adicto! ¡De verdad, no estoy en negación!" Mi amigo, que es un miembro de NA con muchos orgullosos años de sobriedad, decidió presentarme como su "codependiente". Esto fue entendido por todos con el humor esperado. ¡Fue uno de los mejores momentos de mi vida! Todo lo que se servía eran sodas, *Red Bull* y agua. Yo bebí agua. Te sugiero que hagas lo mismo. Pero si bebes como la mayoría, por favor, hazlo con moderación y mantén el control, ¡a nadie le gusta lidiar con un ebrio!

Algo que hago ANTES de ir a la cama cuando vuelvo a casa después de tomar demasiado, en mi caso tres tragos, es tomar dos *Alka-Seltzers* o aspirinas con dos vasos grandes de agua. La mayoría de las molestias causadas por la resaca son a causa de la deshidratación, por lo que el H_2O adicional te ayudará inmensamente. Te despertarás sin rastro alguno de resaca. ¡Salud!

"Primero tendré cincuenta vicios naturales antes que una virtud artificial"
-Oscar Wilde

¡Recuerda siempre!

★ Mantén el vodka, ron y otros licores finos en el congelador.
★ ¡Bebe con moderación y NUNCA manejes ebrio!
★ Llama a un taxi o, mejor aún, un *Uber, Lift* o *Cabify* si crees que has bebido de más.
★ El buen ron añejo, así como el *whisky* de calidad, se deben consumir puros, aunque consumirlos en las rocas está bien también.
★ No caigas en la trampa de los licores caros, pero tampoco bebas el licor barato o vodka de la casa, podría llamarse "Смерть" −muerte en ruso.
★ El buen tequila se sorbe, nunca se traga. Solo bebe del bueno.
★ Ten cuidado con el gin, ¡podrías apestar por ambas cavidades!
★ Haz tu lista de vinos, uno por cada categoría... ¡o sigue la mía!
★ Clasifica a las personas de acuerdo a lo que beben.
★ Cuando pagues la cuenta, cárgala a tu *Platinum*.
★ "Propina no es una ciudad de Italia", dala generosamente. Si recibes un buen servicio deja el 20%.
★ No bebas en vasos de plástico, o peor, de espuma de poliestireno (*foam*), ¡exige vasos de vidrio!
★ ¿Quién necesita absorbentes? Pide por adelantado que no te incluyan uno en tu bebida.
★ Las bebidas azucaradas te emborracharán más rápido, ¡ah, pero son deliciosas!
★ Si piensas que tienes un problema con el alcohol, ¡definitivamente lo tienes! Busca *Alcohólicos Anónimos*, ¡te sorprenderás de la gente que conocerás!
★ Después de beber, toma dos *Alka-Seltzers* o aspirinas con dos vasos grandes de agua ANTES de ir a la cama. Te evitará la resaca.

"No beber entre gente que bebe mucho es una gran ventaja".
-**Francis Scott Fitzgerald**, *El gran Gatsby*

Capítulo
NUEVE

DGC

Etiqueta del celular

"El valor del teléfono depende
del valor de lo que dos personas
tengan que decir".
-Oscar Wilde

¿Cómo hicimos antes sin teléfonos celulares? Bueno, ¡sobrevivimos sin ellos durante miles de años! **Seguramente los *Smartphones* han cambiado nuestras vidas como ningún otro dispositivo desde el automóvil o la televisión, tal vez incluso más.**

El *Smartphone* ha reemplazado a casi todas las pertenencias necesarias: la computadora, la cámara, los álbumes de fotos, el calendario, el bloc de notas, el despertador, la linterna, los mapas, la brújula, la colección de música, la radio y hasta la televisión.

Como cineasta, he sido colaborador de *Getty Images*, el mayor banco de catálogos de imágenes del mundo. Allí, puedes encontrar una foto o video de casi cualquier cosa. www.gettyimages.com. Con los años, he hecho grandes amigos en la oficina principal de Nueva York, donde a menudo visito en persona.

Allí había una mujer maravillosa cuya tarjeta de presentación decía "Futurista". Su trabajo era estudiar las tendencias y luego comunicaba sus hallazgos a nuestro grupo de cineastas y fotógrafos, con el fin de suministrarle a *Getty* imágenes o fotos para satisfacer las demandas futuras. ¡Me encantaba charlar con ella! Yo también siempre he sido considerado un visionario.

Una vez la vi desde el otro lado de la sala y corrí hacia ella casi gritando "¡Drusilla, querida, ¿cuál es el próximo gran suceso?!" Ella, calmadamente levantó dos dedos y dijo: "Tengo dos palabras para ti: teléfono, celular". ¡Cuán en lo cierto estaba! Esto fue a finales de los noventa, cuando Apple acababa de lanzar el *IMac*, esa voluminosa y colorida computadora, muchos años antes de los teléfonos inteligentes.

"Te sorprendería lo difícil que es abandonar un teléfono celular".
-Adrien Brody

El comportamiento social adecuado no ha tenido la oportunidad de ponerse al día con las tecnologías en constante cambio. Esto no significa que las reglas del sentido común no se deban aplicar al uso de este maravilloso dispositivo. He aquí una lista de las reglas que he hecho para mí, y que vale la pena compartir:

★ **Contesta tu teléfono**. ¿Qué pasa con esa gente que no contesta su teléfono? He despedido a dos productores porque no contestaron su celular. Ahora, imagina que estás conduciendo y necesitas hablar con alguien. Se lo pides a *Siri*, esa increíble chica de *Apple*, la única mujer con la que podría casarme, y con un solo comando llamará a cualquiera mientras conduces sin tener que tocar tu teléfono.

Tu llamada va directamente a un buzón de voz, que nadie nunca escuchará - ¡otra absurdidad! Sabes que la única manera de llegar a esta persona es mediante mensajes de texto. ¿Eso no destruye el propósito del teléfono, que era, pensé, poder hablar en vez de escribir?

★ **Tono de timbre**. Sí, necesitas oír tu teléfono sonar, ¡pero eso no significa que todo el mundo en la habitación deba hacerlo también! Elije un sonido agradable. En mis viajes a Brasil descubrí que tienen un gran respeto por el silencio —lo sé, esto me sorprendió a mí también. Creo que viene de la cultura japonesa tan prevaleciente en Brasil. Por cierto, Brasil es el hogar de una enorme población japonesa. Sau Paolo tiene la segunda población japonesa después de Tokio.

Quizás sea por eso que tengan los tonos más discretos, como esos suaves sonidos de su lenguaje. El portugués brasileño es como un susurro; ¡ah, tan civilizado y sensual! Por favor, aprende de los brasileños, y NUNCA tengas uno de esos molestos sonidos de vidrio rompiéndose o de un bebé llorando.

★ **Mantén tu voz baja**. ¡La idea de un teléfono celular es que no tengamos que gritar! El micrófono en los teléfonos celulares es muy sensible y puede captar incluso un susurro. Pruébalo grabando tu propia voz en diferentes niveles. A menos que quieras que todos sepan de qué estás hablando, por favor, baja la voz. Aquí hay un ejemplo extremo: Iba de camino a mi oficina, que se encuentra en una calle de cuatro carriles con un amplio separador. Había una mujer al otro lado de la calle hablando en su celular y yo ¡Podía oírla perfectamente! Sé que has tenido experiencias similares, ¿verdad?

★ **No contestes la llamada si tienes compañía**. Al no contestar una llamada mientras estás en una conversación, le estás diciendo a tus compañeros que son más importantes que quien sea que pueda estar tratando de contactarte. ¡Esto hará que todos, incluyendo tú mismo, se sientan bien!

★ **Apágalo**. Al asistir a una función, una cena, una película —como cineasta y cinéfilo, para mí ir al cine es un ritual sagrado-, o una ópera, pero sobre todo a reuniones de negocios e iglesia, ¡el teléfono celular no debe existir! A veces lo dejo en el auto a propósito. Incluso el zumbido de la vibración puede molestar a los que te rodean, ¡pero en especial a ti!

Solo lleva tu teléfono a tales funciones y usa el modo de vibración cuando estés esperando una llamada muy importante. Si enciendes el teléfono en el intermedio, recuerda apagarlo después.

En cualquier situación delicada como un funeral o ceremonias como bodas, el timbre de un teléfono puede arruinar un momento muy importante y profundo.

Fui a visitar el sepulcro de mi mamá el Día de la Madre. Y sucedió que en la tumba de al lado había otro hijo afligido. Recibió una llamada en su celular y, en lugar de no contestar, como su madre hubiera preferido, o ponerse fuera del rango de audición, ¡comenzó a hablar de negocios en voz alta! Seguí esperando a que él cortara la llamada, pero solo me tomó treinta segundos para darme cuenta de que iba para largo, así que tuve que darme la vuelta y pedirle "me dejas llorar a mi madre en paz". ¡Lo triste es que ni siquiera se dio cuenta de que lo que estaba haciendo estaba mal!

★ **Asegúrate de cortar la llamada cuando termines una conversación.** Un hombre de negocios muy exitoso, amigo mío, perdió a unos clientes importantes después de hacer comentarios innecesarios y despectivos sobre ellos, cuando pensó que había colgado. ¡Toma esto como una lección!

★ **Aléjate.** Si tu teléfono vibra mientras estás en compañía, y DEBES tomar esa llamada, excúsate. Si es apropiado, explica que era una llamada que tenías que tomar. Sal a un lugar más privado, esto no solo es cortés con tus acompañantes, sino que te dará la privacidad que necesitas y deseas. Haz la llamada lo más breve posible.

> *"Un teléfono celular es como un hombre;*
> *Debes conectarlo todo el tiempo y cargarlo."*
> *-Catherine Coulter*

★ **Evita hablar mientras conduces.** ¿Cuántas veces nos hemos pasado la calle en la que vivimos mientras estamos en el teléfono? Sé que lo he hecho, más de una vez. Esto dice mucho sobre nuestro nivel de atención. Aunque es una práctica común, la conducción requiere toda nuestra atención. En muchos países se prohíbe hablar por celular mientras se conduce. Más adelante dedicaré una sección a los mensajes de texto. Gracias a Dios que la mayoría de los autos nuevos vienen con la opción de *Bluetooth*. Esta alternativa y *Siri* realmente nos ayudan a mantener los ojos en el camino y nuestras manos en el volante, donde siempre deberían estar.

★ **Para de hablar y baja el teléfono**. No hables por teléfono mientras pidas en un restaurante, incluso en uno de servicio al auto, ni al presentar una receta en la farmacia. Tampoco hables por teléfono en cualquier momento en que tengas que interactuar con alguien. Es para tu conveniencia y por consideración a la otra persona. En muchos restaurantes no toman el pedido mientras el cliente esté al teléfono pues eso conduce a errores y malentendidos. Algunos restaurantes exclusivos, especialmente en Europa, te pedirán que dejes tu teléfono celular en la entrada. ¡Me encanta eso!

"El hogar es donde está el corazón, pero hoy en día,
¡el teléfono es donde está el corazón!"
-Rachitha Cabral

★ **Tu mensaje de bienvenida**. ¿Qué pasa con esa gente que no le gusta decir su nombre en el mensaje de saludo de su teléfono? ¿Temen un *hackeo* telefónico o robo de identidad? El propósito de los teléfonos es hacer posible la comunicación. Es imperativo saber a quién estamos llamando o, en este caso, dejándole un mensaje. Digamos que un cliente potencial te está llamando para una oportunidad de negocios y sin embargo no reconoce tu voz. Él podría estar reacio a dejar un mensaje importante si no está seguro de tu identidad. Indicar tu nombre es la mejor manera de iniciar cualquier comunicación.

Sé breve y amable, sonríe mientras lo grabas y así suena mucho más agradable. Este es un gran truco que aplico al dirigir anuncios de voz. ¡Realmente funciona! Por favor no digas *no puedo tomar la llamada en este momento, deje un mensaje después del tono*, ¡ya TODOS en el planeta Tierra saben esto! Grabo mis mensajes tanto en inglés como en español, ya que tengo muchos contactos en ambas culturas. Empleo las dos lenguas intermitentemente: "¡Hola! Gracias por llamar. *Hi! Thanks for calling, this is Luis Palomo*", etc. De esta manera sé que todos mis contactos recibirán mi mensaje en ambos idiomas. Te encomiendo que dejes el número de devolución de llamada claramente.

"Mientras tengas un teléfono celular, nunca estarás solo"
-Stanley Victor Paskavich

Mi amigo David Salih, uno de mis gurús favoritos, un tipo muy espiritual y generoso, tiene el mejor mensaje en su teléfono, que termina con: "*Y dime algo por lo que estás agradecido*". He adoptado este sencillo final a mi propio mensaje: "La *gratitud es, después del amor, la más noble de las emociones*".

También agrego un fondo de música agradable y suave. *bossa nova*, clásica o jazz. Asegúrate de que sea instrumental. Después de terminar tu mensaje, espera dos segundos, luego cuelga o presiona la tecla apropiada. ¡No dejes mucho tiempo después de terminar! ¡Este mensaje puede ser lo primero que una persona escuche de ti y ya sabemos lo importante que es la primera impresión!

★ **Al dejar un mensaje**. Es importante que tu mensaje sea claro, informativo y breve. Yo empiezo indicando mi nombre completo, aunque sea a un amigo cercano, y cuando termino, dejo un número de devolución de llamada. Di tu nombre lentamente, el número de teléfono y termina repitiendo tu nombre. También deja la fecha y, si es pertinente, la hora de llamada. Da una pista de cuál es el motivo de la llamada, pero no entres en detalles, espera hablar con la persona para hacerlo. ¿No odias esos largos mensajes telefónicos? Y de nuevo, no olvides sonreír mientras dejas el mensaje.

Cuanta más información y detalles puedas dejar rápida y amablemente, más completo será tu mensaje. ¡De eso se trata la comunicación!
★ **Toma mejores fotos y videos**. Por favor, siempre que estés grabando un video con tu teléfono, ¡hazlo HORIZONTAL! Ese es el formato correcto

a usar para imágenes en movimiento, 16 X 9. Si te piden tomar una foto, no cuentes hasta tres, dispara de una. Limpia la lente del teléfono de la cámara antes de que tomes una fotografía. Un ángulo alto es siempre más halagador, ¡basta con mirar a las *selfies* de Kardashian!

★ **Limpia tu teléfono**. Tiene todas las bacterias que recogemos durante el tiempo que lo llevamos. Es cálido, lo que fomenta el crecimiento de bacterias y gérmenes, ¡y lo ponemos contra nuestra cara y boca! Usa un pañuelo desechable o de algodón, humedece con desinfectante, o incluso con enjuague bucal, y limpia el teléfono por todas partes. Intento hacer esto tan a menudo como puedo.

★ **Haz una copia de seguridad de tus contactos**. La mayoría de los *smartphones* sincronizan automáticamente todo a tu computadora o a la nube (¿lo almacenan en el cielo?). Asegúrate de que tu dispositivo haga copias de seguridad automáticamente y, por si acaso, hazlo manualmente. Perder tu teléfono celular y tus contactos podría ser un verdadero desastre moderno para cualquiera. Los teléfonos celulares son ahora el objeto número uno perdido o robado.

Texting

¡Así como los 50 años son los nuevos 40, los mensajes de texto son el nuevo "conducir borracho"! Esto debe ser abordado por separado. Mucha gente NUNCA contesta una llamada telefónica, pero si les envías un mensaje de texto, te responden de una. Algunas cosas son mejores dichas, ¡es más fácil hablar que textear!

Alguna gente piensa que puede textear mientras está en una conversación, ¡eso es aún más grosero que contestar una llamada telefónica! Aléjate o excúsate para hacerlo. En el cine es especialmente funesto, ya que por instinto nuestros ojos van al punto más brillante. En este caso, hacia la pantalla de la persona dos filas más abajo, sobre todo con asientos de estadio. Y en la iglesia, ¡Dios mío! ¿No crees que Dios pueda verte, aunque el sacerdote, pastor o rabino no puedan?

Pero lo peor de todo es enviar mensajes de texto mientras conduces. Es muy común, ¡todos lo hemos hecho! Muchos accidentes de autos se deben al uso de un teléfono celular. **¡Textear al conducir es la principal causa de muerte entre adolescentes!** Cada vez que texteas mientras manejas, retiras la vista de la carretera al menos durante cinco segundos. En ese tiempo, un auto recorre la longitud de un campo de fútbol. En realidad es peor que haber bebido. Por favor, espera al menos una luz roja. No te preocupes, el auto detrás te hará saber inmediatamente cuándo avanzar. ¿Conoces la definición de un "segundo"?: *"Es el tiempo que tarda el auto detrás de ti para tocar su bocina después de que la luz cambia a verde".*

La sociedad moderna está empezando a parecerse a una película de ciencia ficción barata, con cada uno concentrado en este pequeño *gadget* en sus manos. Podrían estar caminando, en la mesa, en el parque o en el elevador. Apuesto a que la mitad del tiempo solo pretenden estar ocupados con su teléfono, para no hacer contacto visual con nadie, ni socializar. ¿Fue este el propósito de la revolución de la comunicación? ¿Aislar a los humanos aún más? ¡Espero que no!

Recuerda siempre:

★ Utiliza un tono de llamada apropiado y sutil en tu teléfono celular.
★ Mantén la voz baja al hablar, los micrófonos son muy sensibles.
★ En cualquier evento social, pon el celular en modo de vibración.
★ Haz que los que te rodean se sientan importantes: No contestes tu celular.
★ Apágalo o, mejor aún, déjalo en tu auto si no estás esperando alguna llamada importante. Especialmente en la iglesia, un funeral, un espectáculo en vivo o en el cine.
★ Discúlpate y aléjate si debes contestar el teléfono, por tu privacidad, la de tu interlocutor y la de tus acompañantes.
★ Evita hablar mientras conduces. Utiliza un "manos libres".
★ Al interactuar con alguien: Un cajero, un camarero o el Presidente, ¡no hables por teléfono, ni *textees*!

★ Ten en tu teléfono un mensaje de bienvenida corto, agradable e informativo.

★ Sé original al dejar un mensaje y sonríe mientras lo grabas.

★ Cuando conteste una grabadora, deja un mensaje corto y coherente. Di tu nombre, número de teléfono, hora de tu llamada y para qué estás llamando.Repite el número de devolución de llamada d-e-s-p-a-c-i-o.

★ Cuando grabes un video con tu teléfono, hazlo horizontalmente.

★ Limpia la lente del teléfono antes de tomar fotos o videos.

★ Desinfecta tu teléfono.

★ Haz copia de seguridad de tus contactos.

★ NUNCA *textees* mientras conduces.

★ NUNCA *textees* mientras participas en una conversación, aléjate para poder escribir con tranquilidad.

Todo el concepto del teléfono celular es para lograr comunicarnos, hagámoslo de una manera agradable y civilizada.

"Los teléfonos celulares tienden a adentrarnos en nuestras vidas mientras que las películas nos ofrecen la oportunidad de escapar, así que hay dos fuerzas en competencia".
-Steven Spielberg

Capítulo
DIEZ

DGC

Hábitos saludables

*"El viaje hacia la salud óptima se hace
un paso, un hábito y un día a la vez".*
-Dr. Wayne Scott Andersen

Voy a empezar con un consejo de una fuente a la que no suelo recurrir. Proviene de un oficial de la Marina de los Estados Unidos, el Almirante William H. McRaven que en su discurso durante una graduación universitaria, aconsejó a los graduados a que **"hicieran sus camas, todas las mañanas"**. Esto, dijo, te dará la satisfacción de comenzar el día con una tarea completada, y te llevará a seguir durante el resto del día a completar más y mayores tareas. ¡Estoy de acuerdo! Tómate tu tiempo para que la cama te quede nítida. Siéntete orgulloso. Como mínimo, cuando llegues a casa tendrás una cama agradable sin importar cómo haya sido tu día.

Con el mismo espíritu, voy a darte mi consejo: **Lava los platos y ordena la cocina antes de ir a la cama.** Te despertarás con un gran sentido del orden, especialmente durante esas mañanas turbias, antes de la primera taza de café.

Húmedo es mejor

El agua es el elemento más importante de nuestro planeta, la fuente de toda vida. Lo primero que hago cuando me despierto es beber dos vasos de agua grandes, con unas gotas de jugo de lima, después de decirle al agua el mantra del Dr. Emoto: "Gracias, perdóname, te amo" y agrego "Dios te bendiga." Repito esas palabras en mi mente con cada trago. Así, muestro respeto por nosotros mismos y el planeta y establezco un estado de ánimo maravilloso para el resto del día.

Una manera fácil de recordar cuánta agua debo beber al día es el "8 x 8": ocho vasos de ocho onzas de agua. Después de todo, nuestros cuerpos están compuestos en un 70% de agua. ¿Adivina cuál es el órgano más húmedo del cuerpo? ¡El cerebro! ¡Vamos a mantenerlo hidratado!

Si estás en casa o en un restaurante, **bebe el vaso entero cuando te lo sirvan, en vez de tomar un par de sorbos.** Beber agua cuando esté disponible es una forma segura de consumir más. Al beber de una fuente de agua, algo que hago para evitar el uso de vasos o botellas de plástico, bebo doce sorbos, lo que casi equivale a doce onzas.

Vamos a hablar ahora de nuestra piel, el órgano más grande que tenemos. **La hidratación viene desde adentro**, podemos ponernos las cremas humectantes y ungüentos más caros en la piel seca, pero si no bebemos suficiente agua, esas cremas y la cantidad excesiva de dinero que pagamos por ellas, se irán por el tragante del lavabo.

He vivido en el trópico la mayor parte de mi vida... ¿quién necesita nieve? Fui a la secundaria en Miami, a la Immaculata-LaSalle, una escuela católica muy formal. Después de ganar el prestigioso premio *Silver Knight* (Caballero de plata), otorgado por el periódico *Miami Herald* a alumnos destacados de la escuela secundaria. Por cierto, Jeff Bezos, fundador de Amazon e hijo de padre cubano, ganó también este premio diez años después que yo.

Sorprendí a muchos y aterroricé a otros tantos cuando anuncié que no iría a la universidad inmediatamente tras graduarme. Pienso que es mejor esperar y explorar lo que realmente quieres estudiar. Pocos chicos de 18 años tienen esto claro.

Tengo una historia interesante sobre la universidad y la piel seca. Después de tres años de trabajar en una compañía de producción de cine en Miami, finalmente decidí ir a estudiar cine en la Universidad Estatal de Ohio. Yo quería ir a una universidad GRANDE tras una educación parroquial católica, así que me fui al norte, detrás de un hermoso hombre de Ohio que había conocido en Miami.

Durante mi primer invierno en Columbus, Ohio, noté pequeñas manchas de sangre en mi ropa interior y después de un examen cuidadoso descubrí que mi escroto estaba cuarteado. Para los que no están familiarizados con la anatomía masculina, el escroto es el saco de piel donde los chicos mantenemos nuestros... ¡cojones!, testículos. ¡Estaba horrorizado! ¿Qué tipo de extraña y exótica enfermedad venérea habría contraído? Corrí al centro de salud estudiantil para ver a un médico.

Después de examinarme me preguntó con una sonrisa.
—¿De dónde eres?
—De Miami, ¿por qué?
Entonces, con una amplia sonrisa me volvió a preguntar:
—¿Este es tu primer invierno en el norte?
—Sí, ¿por qué?
Luego, con una sonrisa pícara me dijo:
—¿Has visto todos esos comerciales en TV sobre lociones para la piel?
—Sí—dije confundido—, soy estudiante de cine, presto atención a los comerciales de televisión.
Tratando de ser serio, y con una mano en mi hombro, agregó:
—Haz lo que recomiendan esos comerciales, compra la botella más grande de loción para la piel y utilízala todos los días en todo tu cuerpo, incluyendo allí abajo. Tus bolas solo están secas. Debes hidratar TODA tu piel, todos los días, después de la ducha.

Estaba muy aliviado de poder conservar mis "cojones".

Aquellos que han vivido durante el invierno, con temperaturas frías en el exterior y el aire de calefacción, seco y cálido, en interiores, saben de qué estoy hablando. Debes beber mucha agua para mantenerte hidratado desde el interior, esto es especialmente cierto en invierno, cuando no sudamos.

Tus labios son los más vulnerables en climas fríos. Resiste la tentación de mojar tus labios con saliva; ¡eso los pondrá aún peor! Lleva bálsamo humectante de labios en el bolsillo de cada chaqueta y mochila, en tu auto y al lado de tu cama. Si no tienes un bálsamo de labios, la mantequilla, el aceite vegetal o incluso la mayonesa, te servirán.

Manualidades

Lo más importante es mantener la cara y las manos limpias e hidratadas, especialmente las manos. ¿Por qué las manos? A diferencia de tu cara, tocan todo, incluso tu cara, más a menudo de lo que piensas. Así que comenzaremos con la higiene de las manos.

Muchas enfermedades se transmiten por estrechar manos; Desde la hepatitis A hasta la fiebre tifoidea, y todo tipo de gripes y resfriados, incluso la influenza. ¿Sabes por qué los asiáticos se inclinan en lugar de estrechar la mano? Porque es mucho más higiénico.

Se dice que la costumbre del apretón de manos se inició hace más de dos mil años como una forma de mostrar que ambas personas estaban desarmadas. Hay un pequeño, más creciente movimiento como opción a la costumbre occidental de estrechar la mano.

Como escribí en el capítulo uno, la "reverencia asiática" es una manera elegante, incluso espiritual, de saludar con seguridad a amigos y extraños por igual. **Si tienes gripe o resfriado, o incluso un malestar estomacal, por favor rehúsa cortésmente dar la mano**, estarás haciendo al mundo un gran favor al no esparcir tus gérmenes.

¿Yo, un germofóbico? ¡Diablos, no! Y no te recomiendo que te conviertas en uno, solo fíjate dónde van tus manos. Utiliza el saludo de puño de Obama, que el presidente y la Primera Dama popularizaron al hacerlo en su baile de victoria.

Los dermatólogos recomiendan aplicar un potente protector solar en la parte superior de las manos. Nadie quiere esas horribles manchas en el dorso de las manos, manchas de edad, como les llaman. ¡Los franceses las llaman *clous du cercueil*, "clavos de ataúd". ¡Dios mío, los franceses son tan dramáticos! Pero la verdad es que esas manchas hacen que las manos parezcan de anciano. El sol solo las empeora y, cuando conducimos mucho, la parte superior de las manos está casi siempre expuesta al sol, mientras que el resto de nosotros está cubierto de ropa o a la sombra. Así que, antes de ponerme el cinturón de seguridad, algo que siempre hay que hacer es usar una práctica "barra", similar a los desodorantes que aplica el protector solar en la parte superior de las manos y, por tanto, no en el volante. ¡*Allez à l'enfer clous*! ¡Váyanse al infierno, clavos de ataúd!

"No quedan muchos lugares limpios en este sucio mundo".
-Harry Bernstein

Otra forma de mantener alejados los gérmenes, bacterias y virus es **usar el nudillo del dedo índice en vez de la punta para tocar botones públicos**; Cajeros automáticos, botones de ascensor, teclados de gasolineras, etc. Utiliza gel desinfectante, que ahora viene en pequeños y prácticos frascos. ¡Hillary Clinton confía en ellos, y ella ha estrechado manos por todo el mundo! Tengo uno en todos mis autos, así como un tubo de crema hidratante. Una larga luz roja de semáforo es la oportunidad perfecta para hidratar nuestras manos.

He aquí una lista de las cosas más sucias con las que entramos en contacto todos los días:

★**Dinero**. ¡A todos nos encanta, pero es la cosa más sucia que hay! El Dr. Darlington, Comisionado de Salud de Nueva York, descubrió 135,000 bacterias en un solo billete. Las tarjetas de crédito y de débito han sustituido al papel y las monedas, pero seguimos tocando dinero todos los días.

★**Gasolineras**. Como en Estados Unidos y países de primer mundo apenas hay servicio en las gasolineras, uno tiene que ponerle gasolina al carro. ¡Pensé que estos países eran MÁS civilizados! Llevo un paño o toalla en todos mis autos, y lo cambio una vez al mes. Lo uso para agarrar la boquilla de la manguera. No solo la boquilla es extremadamente sucia, también contiene gasolina, que no es lo mejor para la piel y apesta. Recuerda usar tus nudillos para poner tu información personal en el teclado.

★**Cajeros automát**icos, datáfonos, cualquier cosa con un teclado ¡La misma advertencia sobre usar los nudillos se aplica aquí!

★**Perillas de puertas, interruptores, barandas de escaleras,** ¡virtualmente todo lo que la gente toque! Especialmente en los baños públicos, siempre usa un pedazo de toalla de papel para agarrar las perillas de las puertas y apagar interruptores al salir.

★**Manijas de carrito de mercado**. Algunas tiendas ahora ofrecen toallitas desinfectantes en la puerta para limpiarlos, ¡utilízalas!

Este es un sucio, sucio mundo

"Si tú estás sucio, ¿qué no lo está en este mundo?"
-Fuyumi Soryo

Cosas sorprendentemente sucias en la casa:

★**Los fregaderos de cocina son más sucios que un inodoro público.** Igualmente, **las tablas de cortar, las esponjas de fregar y los trapos de cocina**. El fregadero típicamente alberga alrededor de quinientas mil bacterias por pulgada cuadrada. Las sobras de alimentos, cálidas y húmedas, son el medio perfecto para la reproducción de gérmenes y bacterias. La mayoría de los inodoros públicos –y ciertamente los de mi casa también- son limpiados y desinfectados regularmente, pero el fregadero y todo lo que lo rodea, en la mayoría de los hogares, por lo general no lo es. Una vez por semana, limpia el fregadero con agua caliente y cloro diluido. Las esponjas, trapos e incluso las tablas de cortar, los pongo en el horno microondas por dos minutos, esto de seguro mata los gérmenes y las bacterias que se esconden en ellos.

¿Alguna vez has ido a la casa de alguien y su esponja para platos parece que ha estado allí desde el milenio pasado? **Cambia tus esponjas cada dos semanas**; yo lo hago. Cómpralas a granel. ¡Las esponjas podrían estar dos millones de veces más sucias que tu inodoro! Olvídate de las más caras, las baratas limpian igual de bien, simplemente no duran tanto tiempo, pero ese es el punto.

He aquí un consejo esencial; baja la tapa del inodoro ANTES de halar la cadena. No quieres todas esas eses volando en tu baño, contaminando el cepillo de dientes y toallas. *Yahc*k!

Sé que las toallas de papel son más higiénicas, pero también son un derroche, tanto de dinero como de recursos naturales, así que utilizo trapos de cocina y trato de usar papel solo cuando es absolutamente necesario. Siempre compra toallas de papel reciclado y nunca con dibujos, ¡ni siquiera de Navidad! Usa y lava tus trapos de cocina con regularidad y desinféctalos en el microondas.

★ **Alfombras y tapetes**. Son parques botánicos y zoológicos, que se dice que son cuatro mil veces más sucios que tu asiento de inodoro, especialmente los que están en el piso de la cocina y del baño. Yo llevo los míos con frecuencia a la lavandería y los meto en una lavadora de tamaño industrial. Nunca uses esas horribles cubiertas de tapa de inodoros o esas alfombras con forma de herradura que van alrededor de la base, ¡Podrías criar un ecosistema de gérmenes!

★ **Teclados de computador, controles remotos, celulares**. Muchos de estos teclados que están en dispositivos electrónicos, especialmente en teléfonos celulares, son cálidos. Los gérmenes gustan de un ambiente cálido en el cual crecer y prosperar. La mejor manera de limpiarlos es con un paño limpio –que es mejor que una toalla de papel- húmedo, no goteando, con alcohol o enjuague bucal. No utilices sustancias de limpieza doméstica, ya que tienen muchos productos químicos dañinos para ti y tu dispositivo. Limpia todo, incluyendo los conectores y los cables del cargador. No te olvides del cargador de tu auto.

★ **Niños**. Cualquier padre sabe que cuando los niños comienzan a ir a preescolar, comienzan a atrapar y traer a casa resfriados, gripes y todo tipo de enfermedades. Además, en especial los varones, cogen ranas, lagartijas y todo tipo de "vida silvestre urbana". ¡Yo lo hice cuando niño! Sigue la regla de mi mamá: cuando volvíamos de jugar afuera, íbamos directamente a la ducha. Si nos heríamos, ya fuera un rasguño por caer de la bicicleta o un golpe en la cabeza, primero nos daba un baño y luego atendía la lesión.

Entonces, ¿cómo es que sobrevivimos en este mundo tan sucio? Primero, relájate. Cuando niños, bebimos agua de la manguera del jardín, no había agua embotellada. Tampoco había tapas de seguridad para niños en las medicinas y productos de limpieza, ni asientos de bebé para coche o cascos de bicicleta, ni siquiera cinturón de seguridad en los carros y sin embargo, de alguna manera, ¡sobrevivimos! Creamos nuestro sistema de defensas. Sin embargo, debido a nuestro uso excesivo de productos antibacteriales, hemos ayudado a crear súper bacterias, al igual que el abuso de antibióticos ha producido súper virus.

Lavarte las manos a menudo es lo mejor que puedes hacer por tu salud y la de los que te rodean, especialmente antes de cocinar, de tratar una herida y de tocar lentes de contacto. Lávate bien las manos después de usar el inodoro, preparar alimentos y tocar animales, sus juguetes y especialmente sus desperdicios. Siempre lávate las manos después de manipular basura, zapatos sucios y productos químicos.

He aquí una manera entretenida y segura de lavarte las manos correctamente:

★ Canta el "Feliz cumpleaños". Hacer esto te asegura el tiempo necesario para lavar a fondo y enjuagar las manos.
★ Moja las manos con agua caliente de grifo, tan caliente como puedas soportarlo. Recuerda cerrar el grifo.
★ Usa un jabón de barra y crea abundante espuma. Asegúrate de limpiar el dorso de las manos, entre los dedos y debajo de las uñas.
★ Enjuaga bien con agua caliente de grifo. Para cuando termines de enjuagar, debes estar cantando el último "...a ti".
★ Seca con una toalla limpia. Si usas toallas desechables, con una o dos será suficiente.
★ Usa ese mismo papel para abrir la puerta del baño.

Cara sana

Se dice que "una mano lava a la otra y ambas lavan la cara". Así que, ahora que tenemos las manos limpias, vamos a lavarnos el rostro. **La limpieza facial es primordial para la salud de la piel**. Tu piel debe estar limpia, especialmente si usas maquillaje, pero todo el mundo debe lavarse la cara antes de acostarse. Hay muchos jabones, cremas y lociones en el mercado. Lo único que el jabón y el agua hacen es quitar la suciedad, así que un buen fregado con tus manos, un cepillo o una toalla suave harán la mayor parte del trabajo. Elige un jabón que sea adecuado para tu tipo de piel pero, en general, ¡cualquier tipo de jabón es mejor que ninguno!

También necesitarás una crema con suficiente protección solar UV para protegerte durante el día, así como una buena crema nocturna. Por buena, no me refiero a costosa. Hay una diferencia sustancial en el precio en los productos para el cuidado de la piel, pero cuando se trata de limpieza e hidratación, si eliges las caras realmente estás pagando por la etiqueta y el empaque. Hay, sin embargo, diferentes cremas para los tipos de piel; clara, morena, seca, etc. Elige una crema de tu tipo. Si no hay nada más, **el aceite de oliva es un buen hidratante** y bébelo, una cucharada antes de ir a la cama te asegura una buena digestión y una piel brillante.

Funcionó para mi abuela. Fue a su tumba a los 87 años con una piel preciosa. Aceite de oliva, tanto por dentro como por fuera, fue su precioso secreto de belleza. ¡Prueba a aplicarte solo un poco de aceite de oliva en la cara y mírala brillar! Una amiga, que tiene más de 60 años, lo hizo justo antes de llegar a visitarla. Inmediatamente me di cuenta y le pregunté: "¿Qué estás usando?, ¿te has hecho algo? ¡Te ves fabulosa, tu piel brilla!" Qué gran ritual de belleza, ¿no crees? ¡Inténtalo!

¡Los hombres machos también se hacen manicura y pedicura!

Nada dice "me cuido bien" mejor que una manicura, ya sea una mujer, un hombre o lo que sea. Trato de hacérmela con un profesional, al menos una vez al mes pero, entre tanto, me la hago yo. Todo lo que realmente necesitas es un buen cortaúñas y una lima. Un consejo es empujar tus cutículas durante y después de ducharte, cuando tu piel está blanda y suave. Mis cutículas son como cinta adhesiva, muy pegajosas y se rompen con el crecimiento de las uñas, haciendo que mis dedos duelan y se vean horribles, si no empujo las cutículas hacia atrás. Si tienes esta condición, asegúrate de avisarle al manicurista para que te trate con cariño.

Una vez me hicieron una manicura en un salón muy chic y caro. Esta mujer debió haber sacado media libra de piel de mis uñas. ¡Al día siguiente tuve que usar una curita en cada dedo! Si tus cutículas son tan sensibles como las mías, lleva tu propio "palito de naranja" y úsalo en lugar de los populares de metal. Por razones de higiene, siempre llévale todos tus instrumentos a tu manicurista. No todos los salones los desinfectan correctamente. No es solo la remota posibilidad de contraer SIDA, sino que los instrumentos sucios pueden transmitir hongos de uñas. También llevo una pequeña bolsa en mi auto, que es más como una farmacia, con cortaúñas y una buena lima, por lo que, durante largos semáforos o embotellamientos, hago retoques a mi manicura. ¡Mis uñas, como mi cabello, crecen como hierba!

¡Tócame!

"Siempre reservo un masaje hidratante de leche y miel el día antes de volar a España. ¡Es el cielo!"
-Carolina Herrera

He aquí uno de mis vicios favoritos: los masajes

Todos los hoteles de cinco estrellas tienen fabulosos *spas* que ofrecen saunas, baños turcos, bañeras de hidromasaje y buenos masajistas para escoger. Siéntete libre de preguntarle al masajista qué método y qué tipo de aceite utiliza. Recuerda que es tu cuerpo el que están trabajando. **Un masajista tiene el poder de masajear buena o mala energía en su cuerpo.** En varias ocasiones me he levantado, agradecido al masajista y salido. ¡Ay, cómo me hubiera gustado poder haber hecho eso en Osaka, Japón! Tuve un tradicional masaje japonés de caminata en la espalda. Fue incómodo y doloroso, y varias veces estuve a punto de detenerlo pero no lo hice. ¡Tuve que tomar analgésico durante tres días! ¡Tuve tanto dolor... y ella que se veía tan pequeña e inofensiva!

Natasha, es mi maravillosa masajista rusa en Panamá. Ella es la única mujer de quien me dejo masajear. Normalmente prefiero a los hombres, no sólo porque soy gay, sino porque los hombres tienen más fuerza en sus manos y me gustan los masajes profundos y fuertes. Una de las especialidades de Natasha es el masaje con piedras calientes. Ella es una experta. Esta técnica puede ser muy dañina si no se hace correctamente. Usando las piedras calientes, ella es capaz de ir profundamente y deshacer los nudos en mi espalda y hombros. Una vez me dijo con su lindo acento ruso: "Eres el más tenso de todos mis clientes". Le dije, "¡Dios mío, que mala fama me das, Natasha, por favor haz algo al respecto!" y así lo hizo.

Mi buen amigo Edwin Chang estudió masajes en Tailandia y China. **El masaje tailandés se realiza en el suelo sobre una colchoneta o sobre una mesa muy baja, normalmente con pijamas sueltos que usan tanto el masajista como el cliente.** Se basa esencialmente en estiramientos y el masajista utiliza todo su cuerpo para estirar y llegar a músculos que ni siquiera sabía que existían. Verás, nuestros cuerpos evolucionaron para correr tras de presas y para estirarse a agarrar una fruta en lo alto de una rama, ¡no para sentarse en un auto o un computador la mayor parte del día!

Al recibir un masaje tailandés de estiramiento, en realidad podemos utilizar esos músculos y conocer su uso... para mí, ¡este tipo de masaje es mejor que el sexo! Bueno, casi...

No soy un gran fan de los quiroprácticos. Mis articulaciones no "suenan" fácilmente y eso parece ser la liberación inmediata, el beneficio y el placer de esa práctica. Tuve un masajista en el *spa* del Hotel Nikko, en la Ciudad de México –una fabulosa cadena de hoteles de cinco estrellas japonesa-, que combinaba ambas disciplinas: quiropráctica y masaje. Su lema: "¿De qué sirve poner el hueso en su lugar, si los músculos a su alrededor lo van a regresar de nuevo?" Esto tiene mucho sentido, ¿no crees?. Cada vez que podía, me alojaba en el Nikko de México. Tristemente fue vendido a otra cadena hotelera. A menudo, recibía un masaje del mismo masajista. El masaje era siempre idéntico, lo cual ayuda a la relajación, pues ya sabes qué esperar. ¡No es así con Edwin Chang!, sus masajes siempre son distintos y maravillosos.

Asegúrate de respirar correctamente al recibir un masaje. Me gusta hacer una técnica de respiración que aprendí de un Yogi hindú. Respira profundamente, contando hasta cuatro segundos, sostén la respiración por otros cuatro y suelta lentamente contando hasta ocho. Hay muchas técnicas de respiración diferentes, esta resulta ser fácil de recordar y hacer: 4 + 4 = 8. Es muy importante mantener la respiración lenta y tratar de sincronizar la respiración con las manos del masajista, que realmente aprecia esta práctica. Aprovecha el tiempo en la camilla para despejar tu mente, meditar y evocar buenos pensamientos.

Usar una sauna durante diez minutos antes y después del masaje ayudará a los músculos del cuerpo a relajarse al principio y a sudar toxinas después. Es muy importante beber, por lo menos dos vasos de agua de doce onzas cada uno después del masaje, ya que las toxinas liberadas por el masaje necesitan encontrar su salida del cuerpo. Si estás en clima frío, asegúrate de cubrir tu cabeza antes de salir. ¿Sabías que perdemos el 90% del calor corporal a través de la parte superior de la cabeza? Nuestro cuerpo es literalmente como una chimenea. ¡Es por eso que los señores españoles y franceses siempre llevan una boina!

En México, específicamente cerca del místico pueblo de Tepoztlán, donde filmé uno de mis largometrajes, se practica un ritual maya dentro de un antiguo sauna llamado temascal. El temascal es una casa baja de adobe donde se toman baños de calor. Tiene la forma de un iglú de poco menos de dos metros de diámetro y no es lo suficientemente alto como para ponerse de pie. Tiene una entrada de túnel muy pequeña, sólo lo suficientemente grande para gatear. Hay una fogata dentro y se colocan grandes piedras redondas durante varias horas antes y sellan la estructura contigo y las piedras dentro. ¡No apto para claustrofóbicos! La privación sensorial es una gran parte de la experiencia, ya que es oscuro y muy, muy caliente.

El suelo está cubierto con ramas de un arbusto local con poderes medicinales. Una vez que todo el mundo está dentro —sólo unas tres o cuatro personas caben ahí-, una vieja mujer india entra para "ramearte", atrapando el aire caliente de la parte superior hacia abajo sobre tu espalda con una rama como las del suelo. Sólo puedes permanecer durante unos diez minutos para luego salir a un descanso de quince minutos, cubierto con una manta pesada. Te dan un té muy amargo, que es parte de la limpieza. Puedes repetir el proceso hasta tres veces, pero la mayoría, como yo, sólo puede soportar dos.

Algunos hoteles en el estado de Guerrero tienen temascales, pero nada se compara con la experiencia de entrar en una casa muy humilde con un temascal en el patio trasero, junto a los animales de granja y una anciana, con tetas casi tocando el piso, arrodillada junto a ti, "rameándote", ¡mandándote aún más calor con un rameo constante!

A donde fueres...

Al visitar tierras extranjeras, es vital comer la comida típica de la región y es igual de importante involucrarse en sus rituales de salud y espiritualidad, como el temascal en el centro de México. En Japón hay esas maravillosas casas de baños, donde te dan un cubo de madera, un cepillo, jabón y un pequeño banco para fregarte hasta rechinar de limpio. O las legendarias casas de baño de Turquía, de donde vino el término "baño turco". Para mí, esto es una parte esencial de la experiencia de viajar. Todavía tengo en mi lista de propósitos explorar el Camino Inca a Machu Picchu, Perú, y beber el brebaje alucinógeno con ayahuasca. ¡Te dije que pruebo cualquier cosa dos veces!

"Vivir bien es la mejor venganza".
-George Herbert

¡Mimarte es una gran manera de construir tu autoestima, lucir genial y sentirte aún mejor! Practica; ¡vive sano, vive mucho, vive feliz!

¡Recuerda siempre!

★ Haz tu cama por la mañana y lava los platos por la noche.
★ ¡Bebe más agua! Ocho vasos grandes al día.
★ En clima seco, hidrátate por dentro y por fuera.
★ Lleva bálsamo labial a todas partes.
★ Lávate las manos con frecuencia.
★ Canta el "Feliz Cumpleaños", mientras te lavas las manos.
★ Reconsidera el apretón de manos, tal vez un choque de puños o una reverencia sean más apropiados.
★ ¡NUNCA estreches la mano si estás enfermo!
★ Aprovecha los eternos tranques de tráfico para hidratar tus manos e incluso hacerte una mini-manicura.
★ Este es un mundo sucio:

- o Dinero.
- o Gasolineras.
- o Cajeros automáticos, datáfonos.
- o Manijas de carritos de mercado.
★ Es un hogar sucio:
- o Fregadero de cocina, esponjas y tablas de cortar.
- o Alfombras y tapetes.
- o Niños.
★ ¡Sobrevivimos antes de convertirnos en germófobos!
★ Hidrata tu cara y manos, no tienes que gastar mucho dinero.
★ Hazte una manicura y pedicura a menudo, ¡esto va también para los hombres!
★ ¡Los masajes son geniales! No sólo para la relajación, sino también para la salud.
★ ¡Los saunas y baños de vapor son fantabulosos!

"Adoro los placeres simples. Son el último refugio ante la complejidad".
-Oscar Wilde

Capítulo
ONCE

DGC

Sexo y citas en la era digital

*"Toda experiencia tiene valor y,
sea lo que sea que se diga contra
el matrimonio, ciertamente es una
experiencia"*
-Oscar Wilde

Mi amiga Meryl Streep dijo algo con lo que muchos podrían estar en desacuerdo. En realidad es una línea de la película *Kramer vs Kramer* (1979) por la que ganó su primer Oscar: *"si buscas fidelidad, cásate con un cisne".* Los cisnes, como la mayoría de las aves, se emparejan de por vida. ¡Estoy de acuerdo con Meryl! Especialmente nosotros los hombres, no estamos programados para ser monógamos. Nuestro cerebro animal busca inseminar a muchas hembras para la supervivencia de nuestra especie. Por supuesto, esto no aplica a los hombres gays. Teniendo en cuenta que la población mundial superó la marca de los seis mil millones, que de acuerdo a muchos estudios científicos es el máximo que nuestro planeta puede sostener, no tiene sentido seguir inseminando y procreando nuestra especie.

Por otro lado, las mujeres están programadas para establecerse, hacer un hogar y cuidar de los niños. Para las lesbianas, esto es por partida doble. ¿Sabes lo que lleva una lesbiana a su segunda cita? ¡Un camión de mudanza con sus muebles! En mi opinión, las mujeres son mucho más propensas a ser monógamas, aunque hay MUCHAS excepciones. La película de Marilyn Monroe, *La comezón del séptimo año*, implica que las relaciones deben durar siete años. Eso también era cierto en mi caso. ¡No es de extrañar que más del 50% de los matrimonios terminen en divorcio!

Esto va tanto para gays como para heteros: Si están en una relación monógama y está funcionando, ¡felicitaciones! Por cierto, en mi opinión, el fundamento de un matrimonio o unión sólidos no es necesariamente una monogamia sexual, sino el compromiso mutuo, el amor, la fidelidad de mente, corazón y espíritu.

Más de un tercio de todos los matrimonios hoy en día son el resultado de conocer una pareja en línea, pero esto no garantiza un futuro feliz. Según un estudio publicado en *The Telegraph,* los matrimonios que comenzaron en línea tienen tres veces más probabilidades de terminar en divorcio. Pero otro estudio, publicado en la revista de la Academia Nacional de Ciencias, más creíble, en mi opinión, afirma que la tasa de divorcios es significativamente menor, y que las parejas que se conocieron en línea dicen ser más felices. El veredicto aún no se conoce. Pero, por donde lo mires, ¡las citas en línea están aquí para quedarse!

Hay muchos sitios web de citas, siendo match.com y eharmony.com los más populares si estas en busca de pareja definitiva, en su mayoría para personas heterosexuales, pero con creciente participación gay. Los sitios web gaymarriage.com y compatiblepartners.com son populares entre la comunidad gay para las personas que buscan amor verdadero y relaciones duraderas. Por un lado, hay varios sitios web de citas basados en la religión tales como christianmingle.com y jdate.com –para solteros cristianos y judíos respectivamente y por el otro, sitios web para ateos tales como atheistdatingservice.com por el otro. Las personas mayores de cincuenta años también pueden conocerse a través de ourtime.com y los minusválidos pueden recurrir además a datinghandicapped.com, sólo por nombrar unos pocos. Como ven, ¡hay para todos!

Estos sitios web especializados hacen que sea mucho más fácil encontrar esa persona especial que podría estar buscándote, ya que compartirán intereses y valores similares. ¿Y qué hay de meetaprisoner.com? ¡Ahí fue donde Charles Mason, el famoso asesino en serie de ochenta años y condenado a cadena perpetua encontró una novia de 26 años! Hay incluso un amish-online-dating.com.¡Pensé que ellos no tenían electricidad y estaban en contra de la tecnología!

También hay muchos sitios para algo casual, si es que estás buscando sólo una cita o simplemente sexo. Pero puede ser que encuentres una pareja en ésos también. Adultfriendfinder.com y passion.com son populares entre heteros, y muchos como manhunt.net y adam4adam.com son para el mundo gay. También está craigslist.com con una variedad de anuncios personales, ideal para buscar en tu área específica.

Además, hay aplicaciones que te permiten conocer y ver las fotos de personas que están cerca de ti geográficamente, ¡a veces en el mismo lugar! Estas son *Tinder,* mayormente para heteros pero también para gays y *Grindr* para gays, bi y aquellos curiosos. ¡Estos apps de citas rápidas han eliminado prácticamente los sitios de citas en el internet, por no decir también los bares de citas!

Por lo tanto, si decides buscar sexo o el amor en línea, aquí hay algunos consejos. Sigue el consejo de Luis... ¡Soy un profesional en esto!

Tu identidad en línea

¡Realmente es importante tener un buen perfil y la mejor foto posible! Como expliqué en el capítulo 1, las primeras impresiones son primordiales, ¡en especial en línea, donde esos «dos primeros minutos» se vuelven 10 segundos!

Tu imagen

"El retrato es tu espejo. Eres tú".
-August Sander

Empecemos con la tan importante foto. ¡Luce bien arreglado, por favor! Las damas con un maquillaje natural, y los chicos, con la cara seca o, mejor aún, usando un polvo sin brillo. Un rostro brillante puede hacer que parezcas sudoroso o, peor aún, sucio. Asegúrate de que tu cabello se vea impecable. Un mal cabello puede arruinar tu aspecto. ¡Tal vez sea porque *"soy un peluquero atrapado en el cuerpo de un director"*, que para mí el cabello debe ser perfecto! No tengas miedo de usar spray fijador, da mucha estabilidad.

Hice muchos comerciales de productos de cabello, incluyendo uno con Sofía Vergara para *Head & Shoulders*, marca que todavía anuncia. A los peluqueros les encantan sus aerosoles, ceras y geles. En mis sets siempre le pido al peluquero que me muestre qué marcas de productos de cabello usa, y luego confisco las latas y los tubos durante el resto del rodaje. En los vídeos, el cabello tiene que moverse y rebotar y los productos para el cabello lo hacen pesado y rígido. Para imágenes fijas, como tu foto, utiliza tanto spray, gel o cera como necesites. ¡Esto también va para los chicos!

Te sugiero que le pidas a un experto que tome esta foto. Un fotógrafo profesional es mejor, pero la imagen debe parecer espontánea, no en un estudio con un fondo plano sino más bien en una bonita habitación o al aire libre. Sugiero en interiores, ya que tienes más control.

Puedes tomar la foto con tu *smartphone*, pero no tomes una *selfie* y ¡nunca en el baño del gimnasio! Deja que otra persona tome la foto. Con cualquier cámara, te sugiero una lente larga, entre 50 y 80mm. ¡No te asustes por esos números! Incluso tu *smartphone* puede hacer zoom. Esto hará que el fondo se vea suave, manteniendo el foco en ti. NUNCA te pongas contra una pared, ¡esto no es una foto de registro policial!

La iluminación es lo más importante. Si puedes, haz la "Iluminación de Hollywood", que es una luz fuerte y suave de 45° en frente de tu cara, a unos 30 o 60 centímetros por encima de la cámara. Esta luz te dará barbilla, incluso si no tienes, y pómulos también, ¡cuán fabuloso es eso! Puede ser una lámpara regular, sólo asegúrate de que sea una bombilla de luz día si estás al aire libre o en una habitación iluminada por el sol, o una bombilla incandescente si se trata de un entorno interior.

¡Nunca uses luz fluorescente, te hará parecer verde y enfermo y creará feas sombras en tu cara! **No utilices el *flash* como la luz principal, úsalo sólo como luz de "relleno".** Un *flash*, cuando se utiliza de esta manera, puede hacer maravillas, ocultando arrugas. He aquí un truco: los destellos del *flash* de cerca pueden ser demasiado duros así que toma un pedazo de servilleta o papel higiénico, humedécelo −la saliva sirve- y pégalo en el *flash*. Esto hará que la iluminación sea suave y agradable.

¡No dejes que nadie te tome una foto desde abajo! Se debe tomar desde arriba del nivel de los ojos, a alrededor de sesenta centímetros de distancia, ¡todo el mundo se ve muy bien desde arriba! El ángulo inferior, que puede hacerte ver heroico, de seguro te hará parecer gordo y puede darte más mentón que un pelícano. ¡Nadie quiere eso! ¿Cómo se hacen sus *selfies* las Kardashians? ¡Siempre desde arriba!

Te sugiero que aproveches el *Photoshop* y un App llamado YouCmPerfect . Puedes aclarar tu sonrisa y el blanco de tus ojos, cubrir cualquier mancha y borrar las arrugas. ¡Pero ten cuidado de no hacerlo demasiado! No quieres verte como un extraterrestre o asustar a tu cita antes del primer encuentro. **Como bien dijo Marilyn en *Los caballeros las prefieren rubias*: "No te casas con una chica sólo porque es bonita, pero seguramente ayuda". ¡Estoy de acuerdo!**

Soy un firme creyente en el uso de una foto reciente, que no pase de los seis meses. Si has cambiado tu *look*, color o largo de cabello, o has tenido un procedimiento, sin duda, tómate una nueva foto. Algunas personas usan una foto que podría ser de veinte años atrás,

¡incluso de otra persona! ¿A quién engañan? Cuando llega el momento de conocerlas, la decepción es enorme. La mayoría de estos perdedores, afortunadamente, nunca se presentan en persona.

Tu perfil

"Las citas son sobre descubrir quién eres tú y el otro.
Si te presentas con un disfraz, nada de eso va a suceder".
-Henry Cloud

Sé honesto en tu perfil. **He notado que un poco de humor es una gran forma de mostrarte accesible**. Recuerda, no estás hablando con las personas. Ellos sólo están leyendo, así que utiliza tus palabras con cuidado y revísalas varias veces antes de publicar. ¡Recuerda revisar la ortografía! Para mí, y para muchos, una buena gramática es un gran afrodisiaco.

Mira los perfiles de otros que son similares a ti en edad, intereses, etc. Sé breve, como en los *tweets*, alrededor de 140 caracteres. La mayoría de la gente no lee más de eso. Para mí, si un perfil o un correo electrónico es demasiado largo, normalmente lo ignoro o lo elimino. Al igual que en la publicidad, ¡tu descripción y tu apodo son lo más importante! He aquí un ejemplo:

"Romántico Práctico" ¿Eres inteligente, educado, atractivo? No seas tímido. ¡Soy una persona sana y agradable! Por favor, sólo alrededor de mi edad y proporcional en peso y estatura.» Este tiene 145 caracteres y espacios.

Una vez que hayas hecho contacto con alguien que te gusta, intercambia algunos mensajes. Trata de sentir a esta persona a través de sus palabras, pero no te dejes atrapar por la trampa de los interminables mesajes electrónicos. He descubierto que aquellos que no se comprometen a un encuentro después de varios mensajes tienen algo que ocultar. ¡Bórralos!

El primer encuentro

"¿Qué es una cita, en realidad, sino una entrevista de trabajo que podría durar toda la noche? "
-Jerry Seinfeld

Vamos a derribar un mito: No todo el mundo en línea es un asesino en serie. Sí, hay raros por ahí sueltos y por eso te urjo a que sigas mis consejos de seguridad:

★ **¡Nunca uses tu nombre real,** ni des información personal!

★ Elige un apodo simpático; insisto, busca inspiración en otros perfiles.

★ **Siempre cítate con la persona en un lugar público,** donde haya gente alre dedor, un café o parque concurrido, pero siempre <u>de tu elección</u>. Sé inflexible con esto.

★ **Ten la primera cita durante el día**, ya que un encuentro nocturno podría dar el mensaje equivocado.

★ **Vístete casualmente, señorita**. El mito es que vestirte de negro te hará ver más delgada, pero el negro es la ausencia de luz y color, lo que se lleva a un funeral ¡y esta posiblemente sea la primera cita de muchas! Si debes usar negro, avívalo con una bufanda de colores o algunas joyas. Chico, un traje todo negro te hará ver oscuro o, peor, siniestro. Este no es el mensaje que deseas enviar en tu primera cita.

★ **Preséntate bien arreglado, chicas, con maquillaje natural y cabello perfecto**. Chicos, ¡un pequeño ramo de flores o simplemente una rosa, nunca roja, en la primera cita! Recuerda la guía de colores de las rosas en el capítulo 1, salmón o amarillo podrían ser más apropiados. Haz esto si sientes la posibilidad real de un romance de tu contraparte y ¡mantente listo para desechar discretamente esa flor, si no te sientes bien cuando la veas primero y antes de que ella se dé cuenta!

★ **Practica las preguntas que deseas hacer**, ¡no llegues con una lista escrita!

★ **Siempre estate listo para una conversación espontánea** y recuerda la importancia de escuchar, sabrás muy rápidamente si tu cita tiene algún potencial.

★ **Si no hay química, hazlo saber con gracia y brevedad**. Él o ella también apreciará eso.

★ **Si te sientes bien −confía en tu instinto-, haz una segunda cita**. No intercambien números de teléfono aún, a menos que tu instinto dé la autorización. Trata de averiguar el nombre completo de esa persona y, sólo entonces, da el tuyo, de nuevo, si tienes una buena sensación. Cuando llegues a casa, ponte en línea inmediatamente, y búscale por Google, Facebook o Linkedin. Deberías encontrar mucho sobre esta persona en estas fuentes.

He encontrado varias parejas en línea. Yo no era del tipo de relaciones a largo plazo, ¡pero ahora estoy casado! En todo caso, he conocido buenos amigos y contactos de negocios. ¡Tú también podrías!

Sexo seguro
"Sin guante no hay amor"
-Lauren Oliver

¡Cualquier persona que contraiga una enfermedad de transmisión sexual, ETS, en estos tiempos, merece ser golpeada en la cabeza! No es sólo el SIDA, la sífilis y la gonorrea, hay muchas otras por ahí. La mayoría son difíciles de contraer, como el temido SIDA. Para contraerlo, uno necesita ser el receptor del semen o de la sangre, anal o vaginalmente. ¡La saliva, el sudor, las lágrimas o incluso la orina no transmiten SIDA!

El sexo oral tiene considerablemente menos riesgos, es 97% seguro, según aseguran algunos estudios, pero no totalmente comprobados. ¡Es muy simple, amigos míos, **usen condón siempre!** Si te involucras en una relación a largo plazo, usa preservativos durante los primeros seis meses y háganse una prueba para enfermedades venéreas, no solo SIDA, al principio y a los tres y seis meses. El virus del SIDA puede tardar hasta tres meses para aparecer en un análisis de sangre. Así que ten en cuenta esto cuando te hagan la prueba.

Conozco a varias "parejas magnéticas", donde una pareja es positiva y la otra negativa, tanto gays como heteros, que disfrutan de una gran relación y vida sexual activa, algunos incluso han tenido hijos que, gracias a la ciencia moderna, nacen libres de enfermedades. **La verdadera enfermedad es el miedo.**

Si conoces a alguien que podría ser el elegido, cultiva la relación, sin sofocar a tu pareja. Dale espacio para ser sí mismo y la libertad de nunca sentirse atrapado. Sé que esto es difícil para algunos, especialmente para las mujeres, pero un chico o chica que se sienta atrapado, eventualmente brincará la cerca y se irá corriendo.

¡Sí, yo estuve en una relación abusiva! Moi, el "Sr. Fabulosidad", así que le puede pasar a cualquiera. Estos abusadores, que no son más que fracasados inseguros, comienzan como verdaderos encantadores y, una vez que te tienen, comienza el abuso físico y, peor, el psicológico y verbal, y se intensifican rápidamente. ¡Sal de ahí! ¡Cuanto antes mejor! Él o ella no cambiarán. Sólo empeorará, no importa cuántas lágrimas, disculpas y promesas te haga.

Sé que una de las razones por las que no había podido comprometerme en una relación a largo plazo es la forma en que la sociedad trató a los homosexuales cuando crecí. Tuve los mejores padres del mundo, siempre me apoyaron, sin importar nada. Pero el mundo no fue así. Nunca pensé en que podría casarme, tener hijos o una familia.

¡Qué fabuloso es ver a una pareja gay, que también son padres, casarse por televisión en horario estelar! Estoy hablando de la comedia ganadora de varios premios *Emmy*, *Modern Family*. Me refiero al episodio cuando Mitch y Cam tuvieron esta ceremonia hermosa y emotiva, así como comiquísima, para expresar su amor y devoción el uno por el otro. Me confirmó que las cosas han cambiado para mejorar. ¡Ahora el matrimonio gay es legal en los Estados Unidos, así como en muchos otros países!

Si mientras crecía hubiera tenido modelos de rol en la televisión, como Mitch y Cam o Will y Jack de *Will & Grace* (*¡yo soy tan Will!*), sé que mi perspectiva romántica habría sido muy diferente. ¡Estoy tan feliz por la próxima generación gay! Sí, todavía hay un montón de confusión, ignorancia y odio, ¡pero hemos atravesado un largo camino, chicos! En mi opinión, la mayoría de los homofóbicos y anti-gays ¡son locas de clóset!

Pero no son solo algunas personas gay como yo quienes no tuvieron sentido de compromiso. En este mundo moderno de divorcios, separaciones y familias disfuncionales, hay un montón de gente, hombres y mujeres, heterosexuales y homosexuales, que tienen dificultades para comprometerse con algo, mucho menos con una pareja de por vida. **Haz un esfuerzo para encontrar y mantener a una pareja a tu lado.** La vida es mucho más dulce, saludable y larga cuando se comparte. Encuentra a tu "media naranja" y no te olvides de apreciarlo, respetarlo y amarlo.

Espero que encuentres a alguien especial y que, como dijo Joan Rivers, "sean capaces de permanecer juntos hasta las bodas de oro y decir; ¿Te acuerdas de esa vez que...?"

Recuerda siempre:

★ En mi opinión, "si buscas fidelidad, cásate con un cisne".
★ Las citas en línea están aquí para quedarse.
★ Selecciona un nombre "simpático".
★ Elige un sitio web de citas que se adapte a tus necesidades y deseos.
★ Hazte una buena fotografía.
★ Sé honesto en tu perfil. El humor es un gran rompehielos.
★ ¡NUNCA entregues información personal en línea o por teléfono!
★ Cítate en un lugar público que elijas, con mucha gente alrededor.
★ Ten tu cita en el día, viste casualmente, sé tú mismo.
★ ¡Ve bien arreglado! Recuerda nuestro lema; «Sólo hay una oportunidad para dar una primera impresión».
★ ¡Sólo sexo seguro! Si es una pareja estable por seis meses, háganse una prueba de VIH cada tres meses.
★ El amor se abre camino... ¡sólo permíteselo!

"Casarse no es algo que uno pueda hacer a cada rato...
excepto en Norteamérica".
-Oscar Wilde

Epílogo

Comparto con ustedes la satisfacción de haber terminado este libro, se siente maravilloso. No solo por haber llegado a la meta, también por haber logrado tratar de hacer el mundo un poquito mejor, de ayudarles, a ustedes mis lectores, a vivir sus vidas con más ímpetu y confianza, a disfrutar los pequeños y grandes momentos y hacerlo todo con clase, humor y buenas intenciones. ¡Disfruten! Recuerden que vivir bien es la mejor venganza.

Agradecimientos

¡Gracias a **ustedes**, mis queridos lectores por acompañarme en este *fantabuloso* viaje! Espero haya sido informativo y, a la vez, muy divertido como lo fue para mí. Y como estoy siendo agradecido, hay varias personas sin las cuales nunca este libro hubiese sido realidad:

María Botta ¿no sé qué hubiese sido de mí sin tu experta ayuda? Tu habilidad y conocimiento de la tecnología actual hicieron posible las bases de este libro y sus redes sociales.

Gracias a *To-Do Marketing* en Panamá por el seguimiento en esas, las ahora tan importantes redes sociales.

A **Mercedes González**, que, como buena maestra de inglés, supo corregir la escritura en inglés de este cubano refugiado.

A **Cristian Soto Corredor** que, desde Bogotá, Colombia me hizo una maravillosa traducción al español.

A mi hermano **Anthony Palomo, traductor certificado federal,** que constantemente me sacaba de dudas con el significado y ortografía de tantas palabras.

Gracias **Casandra Badillo** por ser mi editora estrella en español y facilitarme el formato profesional de un buen libro.

La fotografía de **Will Vázquez** fue el primer elemento para la brillante portada diseñada por el talentoso **David Taylor**.

A los amigos en *CreateSpace* de *Amazon*, por publicar este libro y lanzarlo al mundo.

En un plano más personal, quiero agradecer a mi prima **Maggie Palomo** quien me acompañó a mis sesiones de quimioterapia, donde nació este libro.

A **Luis Romero** que tanto ánimo me dio.

Al apoyo y críticas constructivas de **Ferro Espino** y de mi querido **Yager Bejarano**.

A **Luigi Lescure** y **Ruby Wong** por el apoyo y la excelente diagramación de este libro.

Y para citar a la gran Mercedes Sosa *"gracias a la vida, que me ha dado tanto"*...

www.ingramcontent.com/pod-product-compliance
Lightning Source LLC
Chambersburg PA
CBHW032118040426
42449CB00005B/190